Ron Phillips ha es... y conmovedor con respecto al tema a menudo malentendido de los seres y las fuerzas espirituales. Quiero alentar a cada creyente a que se beneficie de este libro y que los que se estén cuestionando la presencia y la relevancia de las fuerzas espirituales tengan sus dudas aclaradas.

—TOMMY BARNETT
Pastor de Phoenix First Assembly
Dream Center: Phoenix, Los Ángeles, Nueva York

Se cuenta la historia de cómo el primer cosmonauta ruso, Yuri Gagarin, recibió instrucciones de parte de Nikita Khrushchev para buscar ángeles cuando saliera al espacio en abril de 1962. A su regreso informó que no vio ninguno. Se dice que Khrushchev respondió: "Por supuesto, yo sabía que no vería ninguno. ¡No existe tal cosa!". Como cristianos cuyo manual para la verdad es la Biblia, sabemos que los ángeles existen y que siempre han desempeñado un papel preponderante en la historia del hombre desde el principio. El pastor Ron Phillips en su nuevo libro *Nuestros aliados invisibles*, ha hecho una obra maestra al brindarnos un panorama increíble de estos mensajeros especiales que Dios usa en maneras únicas y con varios propósitos.

—MARCUS D. LAMB
Presidente y director general de
Daystar Television Network

El pastor Ron Phillips ha sido nuestro amigo durante años, y lo he admirado y he sido bendecido por sus programas de televisión y su amor y preocupación por la gente. Ron es un gran maestro de la Biblia, un hombre de amor y compasión, así como un extraordinario hombre de Dios. Si usted lee *Nuestros aliados invisibles*, le ayudará a saber que Dios lo ama, que quiere lo mejor para usted y que desea concederle los deseos de su corazón.

—Dodie Osteen
Cofundadora de la iglesia Lakewood Church

Si usted alguna vez ha sobrevivido a un accidente en coche, ha regresado del campo de batalla sin lesión alguna, ha escapado del peligro momentos antes de que lo golpeara o evitó un accidente por unos segundos, entonces es probable que haya sido auxiliado por una fuerza invisible, y al mismo tiempo sumamente real.

Cada día el Todopoderoso comisiona a aliados invisibles para auxiliar a los que están en un pacto con Él. Aunque es probable que nunca veamos a estas fuerzas angelicales con nuestros ojos naturales, están presentes y son enviadas para ministrar a los herederos de la salvación.

En el libro emblemático de Ron Phillips, *Nuestros aliados invisibles*, este dinámico pastor, maestro y erudito de la Palabra de Dios abrirá las Escrituras y le detallará lo que Dios quiere que usted sepa acerca de los ángeles y su misión para ministrarle. Este libro está lleno de historias únicas que edifican la fe y que son fáciles de entender incluso por los que son nuevos en la fe.

Es mi gozo recomendarle este libro a todos los creyentes que quieren aprender más acerca del mundo espiritual y de los ángeles que ayudan a dirigirlo.

—Perry Stone Jr.
Voice of Evangelism Ministries Inc. y conductor del programa *Manna-fest*

Nuestros aliados invisibles de Ron Phillips lo lleva en un fascinante viaje hacia el plano de lo sobrenatural. Este hombre levanta el velo entre el mundo visible y el invisible, entre las dimensiones naturales y sobrenaturales de tiempo y espacio, y nos revela el misterioso dominio de los ángeles, ¡poderosos y fuertes mensajeros y guerreros en una misión de parte de Dios, enviados a esta dimensión a servirlo a Él y a nosotros! Se le levantará el ánimo al leer este libro y descubrir el papel de los ángeles y la manera en que influencian lo que sucede en su vida.

—David Cerullo
Presidente y director general de Inspiration Ministries

La vida algunas veces puede ser compleja y abrumadora, especialmente en estos días. Nuestra mente y nuestros recursos han sido estirados al límite. Justo cuando la ansiedad diaria nos abruma y parece convertirse en la normalidad de nuestra vida, Ron Phillips nos brinda una fe fresca y una esperanza renovada con *Nuestros aliados invisibles*.

Siempre me han gustado las historias de militares estadounidenses que llegan a rescatar a un pelotón menor en número mientras el enemigo se aproxima. Me encantan las historias de bendición inesperada que muestra la evidencia de que de alguna manera Dios abrirá un camino donde parece no haber camino para sus hijos.

No obstante, al leer *Nuestros aliados invisibles* mis ojos se abrieron a una dimensión completamente nueva: la dimensión donde Dios mora. Quedé impresionado por el misterio de los ángeles y la manera en que Dios utiliza estos seres santos para guardarnos cada hora de nuestra vida diaria.

No soy la misma persona ahora que terminé de leerlo que cuando comencé. Las anécdotas y la enseñanza de este libro le traerán puertas abiertas, sueños cumplidos y... milagros.

—ALVIN SLAUGTHER
Conferencista Internacional
y Director de Adoración

Nuestros ALIADOS INVISIBLES

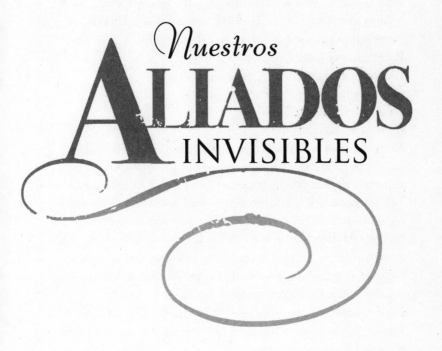

RON PHILLIPS

CASA
CREACIÓN
A STRANG COMPANY

La mayoría de los productos de CASA CREACIÓN están
disponibles a un precio con descuento en cantidades de mayoreo
para promociones de ventas, ofertas especiales, levantar fondos y
atender necesidades educativas. Para mayores informes, escriba a
Casa Creación, 600 Rinehart Road, Lake Mary, Florida, 32746;
o llame al teléfono (407) 333-7117 en los Estados Unidos.

NUESTROS ALIADOS INVISIBLES por Ron Phillips
Publicado por Casa Creación
Una compañía de Strang Communications
600 Rinehart Road
Lake Mary, Florida 32746
www.casacreacion.com

A menos que se indique lo contrario, todos los textos bíblicos
han sido tomados de la *Santa Biblia*, versión Reina–Valera,
revisión 1960. Usada con permiso.

Las citas bíblicas marcadas con NVI corresponden a *La Nueva
Versión Internacional*. Copyright © 1999 por International Bible
Society. Usada con permiso.

Director de arte: Bill Johnson
Diseño de portada: Bill Johnson
Traducción: pica6 (Danaé Sánchez Rivera y Salvador Eguiarte
D.G.)

Originally published in the U.S.A. under the title: *Our Invisible
Allies*; Published by Charisma House, A Strang Company
Copyright © 2009 Ron Phillips
All rights reserved

Copyright © 2010 Ron Phillips
Todos los derechos reservados

Library of Congress Control Number: 2009944034
ISBN 978-1-61638-064-9
Primera edición
10 11 12 13 14 — 7 6 5 4 3 2 1
Impreso en los Estados Unidos de América

ES MI GOZO DEDICAR
ESTE LIBRO A:

Dick y Sandy Broadbent, que aman a Dios y cuyo amor me ha dado una esperanza fresca.

Joe y Diane Guthrie, quienes trabajan a mi lado y caminan con los ángeles en lo sobrenatural.

Dave y Marsha Sturm, quienes se entregan a sí mismos con devoción para servir al Reino.

Y Perry y Pam Stone, cuya amistad me fortalece y cuyas vidas y ministerio me inspiran.

AGRADECIMIENTOS

ERMÍTANME AGRADECERLE A mi querida esposa, Paulette, por su amor e intercesión, así como por su investigación.

Permítanme agradecerle a Carolyn Sutton (retirada) quien capturó y preservó los antiguos estudios originales.

Permítanme agradecerle al personal de medios, Angie McGregor y Julie Harding, que ayudaron a investigar y editar el libro (también gracias por encontrar la versión en audio en nuestros archivos).

Le envío un gran agradecimiento a Trey Gardenhire por su contribución inicial y aliento cuando comenzamos juntos este proyecto.

Quiero agradecerle a Marsha Sturm, quien capturó cada borrador con profesionalidad y cuidado.

Estoy agradecido con los miembros de Abba's House y con todos los socios de Ron Phillips Ministries por su apoyo fiel.

Un agradecimiento sumamente especial para la maravillosa gente de Strang Communications; especialmente a Barbara Dycus por su alientos desde el comienzo y a Jevon Bolden por compartir sus talentos y dones al editar este proyecto y llevar la obra a término.

CONTENIDO

SECCIÓN CUATRO
CUANDO LOS ÁNGELES VINDICAN

INTRODUCCIÓN

E L 20 DE diciembre de 1857, Carlos Spurgeon expuso un sermón llamado "El primer villancico". En ese sermón Spurgeon habló acerca del creyente y sus aliados angelicales. Comenzó su sermón con estas palabras:

> ¡Gloria a Dios en las alturas, y en la tierra paz, buena voluntad para con los hombres!
>
> —LUCAS 2:14

Es supersticioso adorar a los ángeles; pero es apropiado amarlos. Aunque sería un alto pecado, y un acto de menosprecio en contra de la Soberana Corte del Cielo tributar la más ligera adoración al ángel más poderoso, sería poco amable y considerado, si no le diéramos a los ángeles santos un lugar en el más cálido amor de nuestro corazón. De hecho, quien contemple el carácter de los ángeles y marque sus muchas obras de simpatía con los hombres, y bondad para con ellos, no puede resistir el impulso de su naturaleza: el impulso de amarlos. Este incidente en la historia angelical al cual nuestro texto hace referencia, es suficiente como para soldar nuestro corazón a ellos para siempre.

¡Qué libres de envidia estaban los ángeles! Cristo no bajó del cielo a salvar a sus congéneres cuando cayeron. Cuando Satanás, el poderoso ángel, arrastró con él a una tercera parte de las estrellas del cielo, Cristo no se levantó de su trono y murió por ellos; sino que los dejó para ser reservados en cadenas y tinieblas hasta el gran día. Sin embargo, los ángeles no envidian a los hombres. Aunque recordaban que no fue propicio a los ángeles, no murmuraron cuando tomó la simiente de Abraham; y auque el bendito Maestro nunca condescendió para tomar la forma de un ángel, no consideraron que fuera bajo expresar su gozo cuando lo encontraron en el cuerpo de un bebé.

¡Qué libres eran de orgullo! No se avergonzaron de venir y anunciar las noticias a humildes pastores. Creo que tenían tanto gozo en derramar sus cantos esa noche delante de los pastores, que estaban observando con sus ovejas, como si su Amo les hubiera mandado cantar su himno en los salones del César. Los meros hombres; hombres poseídos por el orgullo, creen que es de valor predicar delante de reyes y príncipes; y lo consideran una ocasión de poca monta cuando tienen que ministrarle a una multitud humilde.

No así los ángeles. Abrieron sus alas dispuestas y contentos se apresuraron a descender de sus brillantes asientos en lo alto, para decirle a los pastores en la llanura por la noche, la maravillosa historia de un Dios encarnado. ¡Y observe lo bien que contaron la historia, y con toda seguridad los amará! No con la lengua tartamuda de quien narra un cuento que no le interesa; ni siquiera con el interés fingido de un hombre que puede mover las pasiones de otros, cuando no siente ninguna emoción él mismo; sino con gozo y alegría, del tipo que solamente los ángeles pueden conocer. *Cantaron* la historia porque no la podían decir en prosa pesada. Cantaron: "Gloria a Dios en las alturas, y en la tierra paz, buena voluntad para con los hombres". Creo que lo cantaron con alegría en sus ojos; con el corazón encendido de amor, y con el pecho tan lleno de gozo como si las buenas nuevas fueran para sí mismos. Y, en verdad, eran buenas noticias para ellos, ya que el corazón compasivo hace de las buenas nuevas ajenas, buenas noticias propias.

¿No ama usted a los ángeles? No se inclinará delante de ellos, y eso es correcto; ¿pero, no los ama? ¿No constituye parte de su expectación del cielo que allá morará con los santos ángeles así como con los espíritus de los justos hechos perfectos? ¡Pero que dulce es pensar que estos seres santos y hermosos son nuestros guardianes cada hora! Nos vigilan y nos protegen, tanto en la calurosa luz de mediodía como en las tinieblas de la noche. Nos guardan en todos nuestros caminos; nos llevan en sus manos para que nuestro pie no tropiece en piedra. Incesantemente nos ministran a nosotros que somos herederos de la salvación; tanto de día como de noche son nuestros vigilantes y nuestros guardianes, ¿o no saben que "el ángel de Jehová acampa alrededor de los que le temen"?[1]

A medida que exploremos el místico mundo de los ángeles, llegaremos a amarlos por su fiel servicio al trino Dios y su tierno servicio a nosotros. Que sean bienvenidos en nuestras iglesias, nuestros hogares y lugares de trabajo. Que disfrutemos de su compañerismo hasta que nos lleven a través de la gran sima al mundo donde no hay muerte.

Dónde se ORIGINARON LOS ÁNGELES

Capítulo uno

La
PRESENCIA *de*
LOS ÁNGELES

Pero sobre todo, los ángeles trabajan para el
Amo del universo y comparten nuestro deseo de
adorarlo y cumplir con su voluntad.

DURANTE LA OPERACIÓN Tormenta del Desierto en
1991, treinta y cinco naciones formaron una coalición con los Estados Unidos, sumando un total de
36 naciones, contra Saddam Hussein para devolver a Kuwait
bajo el liderazgo del emirato de Kuwait. Esta coalición
generó una fuerza tan poderosa contra Irak que el ataque
aéreo comenzó y terminó en seis semanas. Irak se rindió

después de estos bombardeos y una campaña por tierra de cuatro días.[1]

Esta operación fue extremadamente exitosa porque los líderes de estos países se unieron, estuvieron de acuerdo con una meta común, organizaron su ataque y crearon una manera justa y uniforme para dirigir a sus tropas, lo cual promovió la unidad, la fácil comunicación y una meta compartida.[2]

Cada uno de estos treinta y seis países proveyeron tropas con base en sus recursos militares. Aunque Estados Unidos y Gran Bretaña proveyeron la mayor parte, cada país suplió una cantidad particular de tropas para defender la causa. Como resultado, cada nación solamente tuvo que suplir una pequeña cantidad de recursos con el fin de lograr la meta de liberar a Kuwait de Irak. La estrategia fue ejecutada con maestría, y gracias a la formación de esta coalición, el sacrificio de cada país fue mínimo.

Si avanzamos el tiempo a los Estados Unidos actuales: ¿Sabía que la guerra actual en contra de Irak ha sido la guerra más larga en la historia de los Estados Unidos? ¡Una de las muchas razones para su duración y complejidad es la ausencia de aliados! A diferencia de la Operación Tormenta del Desierto, nuestra nación ha tenido grandes dificultades para encontrar el apoyo necesario para nuestra guerra, y por lo mismo, estando solos y agotados, este conflicto se ha alargado más allá de lo esperado. ¡Lamentablemente, este escenario es el epítome del triste estado de los creyentes viviendo en derrota espiritual! Los creyentes han fallado en emplear y desplegar las huestes del cielo a su alrededor. Todos los grandes hombres y mujeres de fe que aparecen en las Santas Escrituras operaron con la ayuda sobrenatural de varios ángeles.

Si no lo ha notado hay una creciente fascinación de nuestra sociedad con los ángeles. Por alguna razón, la posibilidad de los encuentros sobrenaturales con estos seres angelicales fascina a esta generación. Encuentro esto sorprendente ya que de niño en la década de 1960 fui criado en un ambiente dominado por la negación de Dios y lo sobrenatural, pero hoy, la mayoría de la gente cree en fuerzas espirituales invisibles que pueden ser canalizadas y que se puede interactuar con ellas diariamente. ¿Cuándo fue que sucedió este cambio tan drástico? Como cristianos deberíamos estar sumamente al tanto de lo que otros están diciendo con respecto a las fuerzas invisibles y recordar que los ángeles nos ayudan de maneras completamente desconocidas para nosotros.

En sus días de juventud, el entrenador Mike Dubose y su esposa, Polly, acababan de mudarse de Chattanooga a Hattiesburg, Misisipi. Polly se tomó un descanso de estar desempacando las cajas de la mudanza en su nueva casa de tres pisos para acostar a dormir a su precioso hijo de dos años. Segura del hecho de que su hijo estaba seguro en cama, ya que nunca se había salido de la cuna antes, Polly bajó las escaleras para continuar con su tarea. Sin que Polly supiera, su dulce bebé trepó y se salió de la cuna, se escurrió fuera de la casa, encontró su triciclo plástico (Big Wheel) y desapareció. Mientras Polly seguía tratando de poner su casa en orden, estaba completamente ignorante de que su hijo estaba en camino al peligro.

Hay una creciente fascinación de nuestra sociedad con los ángeles. La posibilidad de los encuentros sobrenaturales con estos seres angelicales fascina a esta generación.

Mientras seguía desempacando en el primer piso de su hermosa casa nueva, Polly escuchó que llamaban a la puerta. Cuando Polly abrió la puerta, allí estaba una señora con su hijo. La mujer explicó que encontró al niño en una transitada intersección a dos cuadras de distancia. Hay que entender que Polly no conocía a nadie en Hattiesburg y se acababa de mudar a este domicilio. Asustada y sorprendida, Polly se volteó para poner al niño en el suelo, y luego se volvió para agradecerle a la señora, y no había nadie en la puerta. La señora simplemente desapareció.

¡Polly nunca volvió a ver a esta mujer de nuevo ni supo de ella. El entrenador Mike y Polly Dubose creen que un ángel rescató a su hijo!

Los ángeles de hecho son nuestros "aliados". Los aliados son amigos cercanos que están dispuestos a:

- Amar y proteger lo que usted ama.
- Enfrentar a un enemigo común.
- Compartir con usted las mismas fidelidades y lealtades.
- Obedecer las mismas órdenes.
- Hacer los mismos sacrificios.
- Compartir armas similares.

☞ Operar de manera encubierta en el territorio del enemigo cuando sea necesario.

☞ Mantener abiertas las líneas de comunicación.

☞ Quedarse hasta el final

☞ Operar en rangos bajo autoridad.

☞ Moverse con base en un acuerdo escrito.

Los ángeles son amigos que ayudan a guiarnos, a protegernos y a ministrarnos con el fin de que perseveremos en la causa de Cristo para nuestra vida.

Piense en su propia vida. Cuando las situaciones se ponen difíciles y requiere apoyo moral y dirección, las instrucciones son simples y universales: tomarse de la mano de amigos, familia, cónyuge y compañeros de trabajo. Estas personas son sus aliados. Pero sea honesto: ¿No se le dificulta *hacerlo* algunas veces? ¿Cómo es que se puede confiar en los aliados en un mundo lleno de corrupción y podredumbre? ¿Recuerda el nuevo sentimiento que descubrió cuando un buen amigo lo traicionó o cuando un proyecto de grupo se desintegró porque no hubo esfuerzo de cooperación? ¿Qué hay acerca de la soledad que sintió cuando su propia familia lo abandonó o un ser querido lo engañó con alguien más? Estos encuentros nos inician en las duras realidades de la naturaleza humana.

Ahora, reevaluemos. La idea de confiar en los aliados, ¿no es *difícil* de creer? Por favor, ¿cómo se supone que debamos confiar en estos seres angelicales en nuestra vida espiritual?

¿No hay algunos de ellos que "cayeron"? Mi propósito al escribir este libro es que descubramos que los aliados angelicales a nuestro alrededor *son* dignos de confianza. No nos van a abandonar en nuestros esfuerzos para difundir el Evangelio a un mundo perdido y agonizante. Mi esperanza y oración es que usted se dé cuenta de que los ángeles son amigos que ayudan a guiarnos, a protegernos y a ministrarnos con el fin de que perseveremos en la causa de Cristo para nuestra vida.

La voluntad de Dios consume y posee a los ángeles, y ellos apasionadamente procuran la salvación para nosotros. Nos ministran de maneras que son completamente distintas de cualquier guía que podamos recibir en la tierra. Nos consuelan, nos hablan, monitorean el ambiente espiritual a nuestro alrededor, nos enseñan y nos ayudan. Pero sobre todo, los ángeles trabajan para el Amo del universo y comparten nuestro deseo de adorarlo y hacer Su voluntad. Son nuestros aliados.

Capítulo dos

La REALIDAD *de* LOS ÁNGELES

ERA UNA MAÑANA fría en Gadsden, Alabama, y a pesar del pronóstico invernal del tiempo, yo estaba emocionado de viajar a las montañas para predicar en una reunión de las iglesias en el norte de Alabama. El finado Dr. Calude Rhea, quien había cantado con Billy Graham, era el músico invitado, y yo, a mis veintinueve años de edad, daría el mensaje después de él. ¡Qué oportunidad tan fantástica para un joven predicador! Mi esposa Paulette no tenía el mismo entusiasmo. Me dio una mirada aprehensiva cuando la besé para despedirme. "Ten cuidado, mi amor. Está nevando", me advirtió. Como yo era conocido por mis habilidades detrás del volante, no puse atención a su advertencia.

A medida que viajaba los noventa y siete kilómetros hacia el norte, a las montañas, noté que la nieve comenzaba a pegarse a la hierba y los campos. Cuando me acerqué a la iglesia, la nieve ya había comenzado a cubrir el camino. Sin embargo, para mi deleite, la iglesia estaba llena y la multitud emocionada. El Dr. Rhea dio un poderoso testimonio de su sanidad del cáncer y cantó una conmovedora interpretación del clásico de los Gaither "He Touched Me" (Me tocó) como el final de su participación esa noche. ¡A la gente del área le encantó!

La atmósfera estaba electrizante cuando me subí a predicar. No obstante, el Espíritu Santo no era lo único que había estado cayendo esa noche; una capa de nieve estaba cubriendo la región. Y a causa del clima el pastor anfitrión me había pedido que fuera breve. Al cerrar el mensaje, la congregación se fue rápidamente. Le agradecí al Dr. Rhea por su música y me despedí rápidamente del pastor anfitrión quien estaba subiendo a su camioneta para dirigirse a casa. Un hombre de la iglesia me preguntó si necesitaba ayuda para descender de la montaña. Con poca experiencia conduciendo en nieve y hielo, arrogantemente respondí: "Puedo manejarlo". A medida que comencé a descender por el angosto camino, mi confianza pronto desapareció. La nieve lo cubría todo y la visibilidad era difícil debido a la nieve que caía.

El coche comenzó a derrapar, y frené, haciendo que el coche diera dos trompos. El coche se detuvo en la orilla de un empinado terraplén. Finalmente, después de un rato pude voltear el coche en la dirección correcta, pero me di cuenta de que estaba en problemas. En ese momento comencé a orar y a pedirle ayuda a Dios. Escuché que su voz habló a mi espíritu: "Tu ángel está sentado junto a ti". En este punto de mi vida, yo no había recibido el bautismo en el Espíritu, así que el mundo sobrenatural era extraño para mí. Volteé hacia el asiento del copiloto y para mi sorpresa había un ligero brillo. Al principio pensé que simplemente era un reflejo de la nieve, pero entonces mi espíritu de pronto se puso en alerta y entendí que mi ángel estaba conmigo.

El Señor me habló y me dijo: "Mándale a tu ángel que te ayude". En esa coyuntura yo era ignorante de la instrucción bíblica acerca del ministerio de los ángeles: "¿No son todos espíritus ministradores, enviados para servicio a favor de los que serán herederos de la salvación?" (Hebreos 1:14). Le hablé al ángel y con mucha timidez le dije: "Ángel, ¿podrías salir y ayudarme a no derrapar y llegar a salvo a casa?". No hubo una respuesta audible de parte del ángel, pero supe que era seguro seguir adelante. Así que emprendí la marcha y los neumáticos se agarraron al piso. Con el ligero brillo ahora sobre el guardabarros derecho, bajé la montaña sin otro derrape o deslizamiento de ningún tipo. Cuando llegue a la Interestatal 59, el camino por el cual iba bajando estaba cerrado. El policía estatal que había cerrado la montaña me preguntó cómo lo había logrado. Murmuré: "El Señor me ayudó…". Cuando comencé a subir la ventanilla dijo: "Cuídense". Volteé a mi derecha, y por un instante vi la figura de una persona sentada en el asiento junto a mí; el policía también lo había visto. Llegué a casa con mi esposa, que había estado orando por mí, sano y salvo.

Comencé a orar y a pedirle ayuda a Dios.
Escuché que su voz habló a mi espíritu:
"Tu ángel está sentado junto a ti".

¿Qué sucedió en esa montaña? Creo que uno de los ángeles de Dios vino de la dimensión eterna al tiempo terrenal para rescatar a un joven y asustado predicador. Esta no era la primera vez, ni sería la última que experimentaría una presencia así. Recordé las dos ocasiones en la que fui protegido mientras viajaba de ida y vuelta al colegio Clarke en Newton, Misispi. Salí de Montgomery, Alabama, el domingo en la tarde y me fui de regreso por la Carretera 80 a través de Selma, Alabama y Meridian, Misispi a Newton, Misisipi. Entre Selma y Uniontown, en esa carretera de dos carriles, fui forzado a salirme del camino por un coche que venía de frente y que invadió mi carril. Giré bruscamente hacia la orilla de la carretera y me fui contra la base de un puente de concreto a 100 kilómetros por hora. Con poco tiempo para reaccionar, me sujeté para resistir el impacto. Pocos segundos después, iba de vuelta en la autopista, viajando en la dirección correcta perfectamente a salvo. Sé que no hay forma física en la que hubiera podido esquivar el puente. ¿Habrá movido el coche un ángel?

Más tarde, ese mismo año, yo iba de viaje con un amigo en su Pontiac GTO 1965. Iba conduciendo hacia el Este entre Uniontown y Selma cuando un trailer de dieciocho ruedas apareció sobre la cuesta frente a nosotros en nuestro carril mientras trataba de rebasar a una camioneta. Mi amigo dio vuelta al volante hacia la profunda zanja a nuestra derecha. La llanta golpeó la suave tierra con grava y se volteó. Mi amigo salió disparado del coche y se rompió un brazo, un hombro y una clavícula. Mientras el coche rodó tres veces, sentí una cálida sábana cubriéndome. Algo me mantuvo a salvo dentro del coche a pesar de que no llevaba cinturón de seguridad. Si me hubiera salido del coche hubiera quedado aplastado. El coche se detuvo sobre sus ruedas y se le estaba saliendo la gasolina del tanque, pero, contra toda lógica, ¡salí del coche sin un rasguño! Busqué alrededor la sábana que me había cubierto durante el accidente, ¡pero no había nada! ¿Quién o qué me cubrió y me protegió durante el accidente? ¿Habrá sido mi ángel?

El Dr. Craig Buettner, un médico familiar de Tuscaloosa, Alabama, quien además era el médico del equipo de fútbol americano de la Universidad de Alabama, estaba disfrutando un día en la piscina con el equipo de béisbol de su hijo. El Dr. Buettner y su esposa, Amy, llevaban vidas ocupadas no solamente con su práctica médica, sino también por ser padres de cinco niños entre las edades de cinco semanas a nueve años. Cuando todos se sentaron a comer con la familia y los amigos, Amy notó que su hijo de cuatro años, Kennedy, no estaba. Comenzaron a buscarlo en la casa, en la piscina y en el vecindario, pero no había señales de él. Entonces su hijo de nueve años gritó desde la piscina, se zambulló y sacó a Kennedy de la piscina. Kennedy estaba hinchado, azul, no estaba respirando y su corazón se había detenido. El Dr. Buettner de inmediato comenzó a darle primeros auxilios a su pequeño hijo mientras Amy comenzó a orar entre sollozos. Pronto el personal de emergencia llegó y el Dr. Buettner liberó los pulmones de Kennedy y pudo generar un débil latido.

Mientras el coche rodó tres veces, sentí una cálida sábana cubriéndome. Algo me mantuvo a salvo dentro del coche a pesar de que no llevaba cinturón de seguridad.

Kennedy pronto fue transferido del hospital en Tuscaloosa al hospital infantil de Birmingham, Alabama. El neurólogo del hospital infantil solamente le dio quince por ciento de probabilidades de supervivencia al pequeño Kennedy, sin la esperanza de llevar una vida "normal" en caso de que viviera. Los doctores y las enfermeras trabajaron toda la noche con Kennedy y para la mañana había mejorado bastante. Ocho días después, el muchacho fue enviado a casa completamente sano y sin daño cerebral. Cuando Amy le preguntó a Kennedy qué había sucedido, el muchacho dijo: "Un ángel me sacó de las muchas aguas y me llevó al cielo, y allí vi al tío Mark y a Jesús. Más tarde el ángel me trajo de vuelta". Kennedy reconoció que no estaba asustado.

Lo interesante es que el tío Mark había muerto de cáncer solamente seis meses antes del accidente de Kennedy. El tío Mark era un cazador de venados apodado "Buckmaster" [el señor de los venados]. Aunque la intervención angelical de esta historia es sorprendente, hay otro par de cosas interesantes que usted debe saber. Primero, la frase utilizada por Kennedy "me sacó de las muchas aguas" era parte de una Escritura que un amigo cercano le dio a los Buettners.

Envió desde lo alto; me tomó, *me sacó de las muchas aguas*. Me libró de mi poderoso

enemigo, y de los que me aborrecían; pues eran
más fuertes que yo. Me asaltaron en el día de
mi quebranto, mas Jehová fue mi apoyo.

—SALMOS 18:16–18
ÉNFASIS AÑADIDO

Segundo, era el último día de trabajo en el hospital
infantil del neurólogo que ayudó a salvar la vida del niño; su
apellido era el mismo que el apodo del tío Mark. ¿Coinci-
dencia? ¿Anomalía? ¡No! Los ángeles visitaron y salvaron la
vida de Kennedy.

Los ángeles son una conexión clave
con la dimensión eterna.

Al pasar de los años he recibido incontables informes y
he tenido muchas experiencias con nuestro Señor y sus santos
ángeles. Ha habido gente que ha visto ángeles en nuestros
servicios en Abba's House. Las intervenciones angelicales se
han manifestado en muchas ocasiones. ¿Quiénes son estos
seres? ¿Dónde viven? ¿Cómo son? ¿Qué han hecho en el
pasado? ¿Qué están haciendo ahora? ¿Qué parte tendrán al
final de los tiempos? ¿Cómo se puede activar la ayuda angelical en su vida?

Los siguientes capítulos de este libro le abrirán los ojos
a otro mundo: la dimensión eterna. Usted descubrirá que
los ángeles son una conexión clave con la dimensión eterna.
Usted aprenderá que los ángeles son una conexión clave con
ese plano para nosotros. ¡Es importante que usted sepa que la

ayuda angelical no es automática! La operación angelical es consistente con la Escritura y la cadena de mando celestial. Este libro lo fascinará, pero espero que usted vaya más allá de la fascinación a la fe, y de la fe a aprovechar estos recursos celestiales.

Capítulo tres

El MISTERIO de LOS ÁNGELES

Un milagro es una interrupción dimensional, cuando el mundo espiritual entra en nuestra existencia cotidiana, cambiando nuestra existencia limitada de ordinaria a extraordinaria. ¡Podemos vivir con asombro de nuevo!

IMAGÍNESE A DAVID en el desierto de Judea después de un día agotador apacentando a sus ovejas; el esplendor el cielo lo abruma. En ese momento comprende la mera insignificancia del hombre en contraste con el misterio de Dios. ¡Su corazón explota en asombro y alabanza de que Dios pudiera tomarse el tiempo de pensar en el hombre! Más allá de ello David ve a un Dios que viene en ayuda del hombre.

¡Aquí la humanidad se eleva a alturas de gloria! Nuestro Dios nos nota, nos cuida y nos corona como realeza en la tierra. Sin embargo, en este salmo, David nos revela que nuestro universo, tan vasto como es, no es el único plano en el que la vida abunda.

> Oh Jehová, Señor nuestro, cuán glorioso es tu
> nombre en toda la tierra! Has puesto tu gloria
> sobre los cielos.
> —Salmos 8:1

¡La vida existe en otras dimensiones más allá de la tierra! De hecho los seres sobrenaturales existen más allá de nuestro plano terrenal. Para hablar de la humanidad, la Biblia dice: "Le has hecho poco menor que los ángeles" (Salmos 8:5). ¡David miró hacia los cielos y vio la majestad de Dios en la vastedad del orden creado! ¡Miró a la tierra y vio al pequeño hombre como el centro y corona de ese orden! ¡Se puede escuchar la música de lo sobrenatural y su ritmo levantándose de su alma embelesada!

Hay otros seres de otra dimensión que se están moviendo en multitudes a lo largo de la vasta expansión de nuestro mundo conocido. Estos seres no están sujetos a las limitaciones de nuestro mundo. Más allá de nuestro rango normal de comprensión hay otra dimensión más real y permanente que cualquiera que podamos imaginar. La existencia de otro plano conocido como los "lugares celestiales" donde maravillosas criaturas tanto magníficas como malévolas operan no es ciencia ficción. En este plano existen estos seres vivientes llamados ángeles, junto con sus oscuros primos los demonios. Creados por Dios, estos seres atemporales tienen una historia propia. De manera extraordinaria tienen la habilidad de ir y venir entre la dimensión eterna y nuestro mundo.

Hay planos de realidad y vida más allá del alcance y la razón humana sin ayuda sobrenatural. Los ángeles, los ejércitos de Dios, están entre tales misterios. Así es, estos seres sobrenaturales se encuentran en las Escrituras desde la primera página hasta la última de la Biblia.

A lo largo de mi vida, he sido receptor de la ayuda angelical. Ha sido sólo últimamente que la ciencia ha alcanzado a la Biblia en otros planos y dimensiones más allá de la percepción humana normal. Viviendo con nosotros y más allá de nosotros al mismo tiempo están los ángeles de Dios.

Más allá de nuestro rango normal
de comprensión hay otra dimensión
más real y permanente que cualquiera
que podamos imaginar.

LOS MISTERIOSOS DOMINIOS DE LOS ÁNGELES

¿Qué tan antiguos son los ángeles? ¿Qué tan antigua es la creación? Hay mucho debate entre los cristianos acerca de la edad de la tierra. Para mí es irrelevante porque Dios vive más allá de los límites de las cuatro dimensiones de nuestra existencia. El tiempo es un producto de nuestro universo y sus movimientos, y Dios vive más allá de los límites de la historia humana y su registro cronológico.

LOS ÁNGELES SON SERES CREADOS

Los ejércitos celestiales fueron traídos a la vida por el Dios Creador. Se les dio una existencia carente de muerte y tiempo sumamente distinta de la historia humana.

> Tú solo eres Jehová; tú hiciste los cielos, y los
> cielos de los cielos, con todo su ejército, la tierra
> y todo lo que está en ella, los mares y todo lo
> que hay en ellos; y tú vivificas todas estas cosas,
> y los ejércitos de los cielos te adoran.
> —Nehemías 9:6

Yahweh, el Señor, creó todos los ejércitos del cielo, y estos "ejércitos" lo adoran. Los ángeles vinieron a la existencia por una orden de Dios. Él mandó y fueron creados (consulte Salmos 148:5). Estas maravillosas criaturas son incontables; aunque nuestro universo parece vacío de vida, el plano celestial bulle con energía y vida.

Esta escritura indica que los ángeles son seres creados y que una de sus funciones es alabar y adorar al Señor. Pablo nuevamente afirma el hecho de que los ángeles son seres creados. Estos seres vivientes preceden a la tierra y a la humanidad en la creación.

> Porque en él fueron creadas todas las cosas,
> las que hay en los cielos y las que hay en la
> tierra, visibles e invisibles; sean tronos, sean

dominios, sean principados, sean potestades;
todo fue creado por medio de él y para él.
—COLOSENSES 1:16

Los ángeles fueron creados por el Señor Jesús y para el
Señor Jesús. Los ángeles fueron agentes de la creación de
nuestro universo.

¿Dónde estabas tú cuando yo fundaba la tierra?
Házmelo saber, si tienes inteligencia. ¿Quién
ordenó sus medidas, si lo sabes? ¿O quién
extendió sobre ella cordel? ¿Sobre qué están
fundadas sus bases? ¿O quién puso su piedra
angular, cuando alababan todas las estrellas del
alba, y se regocijaban todos los hijos de Dios?
—JOB 38:4–7

Job muy bien pudiera ser el libro más antiguo de la Biblia.
Está lleno de misterio y maravilla. Según el pasaje anterior
en el nacimiento de la creación los ángeles estaban activos.
Cuando leo esas palabras mi alma tiembla dentro de mí;
leemos y somos llevados de vuelta a los primeros momentos
de la historia.

---

*Si el mundo visible es todo lo que hay
y la vida es un accidente, entonces la
inteligencia humana, los logros y las
aspiraciones no significan nada.*

¡La creación fue iniciada por un sonido… "Y dijo Dios"! Su poderosa palabra se hizo escuchar en lo que la ciencia llama el "big bang". Dios habló, y el gran ejército de estrellas explotó en una exhibición de fuegos artificiales, cuyo remanente sigue iluminando el cielo sobre nuestra cabeza. Nuestro sol todavía nos calienta muchas eras después de esa explosión inicial. Viendo toda esta demostración, como una familia mirando una exhibición de fuegos artificiales, estaban los "hijos de Dios", los santos ángeles. Todos estos seres gritaron mientras la creación estaba siendo colocada en su lugar por la mano de Dios. ¡Las estrellas eran su orquesta ya que gritaban de gozo!

La tierra es un planeta pequeño en un sistema solar de tamaño promedio en la orilla de una galaxia llamada la Vía Láctea. La vasta expansión del universo empequeñece nuestro planeta. ¡En comparación, la tierra sería menos que un grano de arena en un gran edificio! Esa perspectiva reduce el significado de los que vivimos en este planeta.

Si el mundo visible es todo lo que hay y la vida es un accidente, entonces la inteligencia humana, los logros y las aspiraciones no significan nada. Salomón se sintió de esta manera después de explorar la existencia humana en la dimensión presente y declarar que era tratar de sostener el viento. Considere sus palabras: "Y dediqué mi corazón a conocer la sabiduría, y también a entender las locuras y los desvaríos; conocí que aun esto era aflicción de espíritu" (Eclesiastés 1:17).

Salomón entendió que Dios había colocado un deseo en la humanidad por más de lo que vemos en esta vida. Su búsqueda lo llevó a descubrir la dimensión eterna, una realidad más allá de las cuatro dimensiones de nuestra existencia. Desde Eclesiastés 3:11 vemos esta perspectiva en el mundo eterno: "Todo lo hizo hermoso en su tiempo; y ha puesto eternidad en el corazón de ellos, sin que alcance el hombre a entender la obra que ha hecho Dios desde el principio hasta el fin".

Vivimos en otra dimensión; sin embargo, podemos escapar de la matrix *maligna y vivir en la dimensión celestial donde los ángeles operan y los milagros suceden.*

Entendió que Dios ha hecho todo hermoso en su tiempo. Es Dios quien puso eternidad en nuestro corazón, y la obra que Dios hace desde el principio hasta el fin es en su programa. Nos deberíamos regocijar y hacerlo bien en nuestra vida, y comer y beber y disfrutar de nuestro trabajo aquí en la tierra, porque es el regalo de Dios. Lo que sea que Dios hace es para siempre; nada se le puede añadir ni nada se le puede quitar. Dios lo hace; deberíamos reverenciarlo y honrarlo. Dios lo ve todo —el pasado el presente y el futuro— y somos responsables de lo que Dios nos ha confiado. Nuestra vida está conectada con un mundo eterno más real y duradero que el mundo presente.

Las películas más intrigantes de ciencia ficción de la década pasada fueron la trilogía de *Matrix*. Estas películas fueron fascinantes ya que los personajes vivían en un mundo artificial que pensaban era real. Los personajes descubren que en realidad están dormidos al mundo real, que están siendo manipulados por fuerzas malignas y que son prisioneros de este mundo oscuro. Pero al descubrir el mundo real son ridiculizados y se burlan de ellos. Finalmente, en una poderosa escena, el personaje principal muere para revelar la puerta abierta al mundo real.

La trilogía es semejante a nuestro mundo. ¡El plano físico es temporal! Vivimos en otra dimensión; sin embargo, podemos escapar de la *matrix* maligna y vivir en la dimensión celestial donde los ángeles operan y los milagros suceden. Pablo hizo el mismo descubrimiento con respecto al plano celestial y declaró esta verdad fascinante:

> Por tanto, no desmayamos; antes aunque este nuestro hombre exterior se va desgastando, el interior no obstante se renueva de día en día.
> —2 Corintios 4:16–18

Existe un mundo invisible que es mayor, más real y más eterno que nuestra existencia limitada.

Mundo invisible

La física cuántica estudia el origen de la materia. Este campo de la ciencia cree que el mundo tuvo un comienzo y que, por lo tanto, existió un mundo mayor el cual sigue creciendo más allá de nuestro cosmos. En la tierra vivimos en cuatro dimensiones; vivimos en un mundo con longitud, anchura, altura y tiempo. En lo natural estamos limitados por estas dimensiones. Los físicos cuánticos como Brian Greene que escribió *The Elegant Universe* [El universo elegante] descubrió la existencia de por lo menos once dimensiones. Todas estas dimensiones se mueven en líneas rectas. Esta perspectiva de la historia se llama "lineal". Dios creó nuestro universo y puso la línea de la historia en movimiento. Al saber que existen por lo menos otras siete dimensiones más allá de nuestra vista expande nuestra perspectiva, y nuestra imaginación es cautivada por las dimensiones que no hemos visto.

¡Este es el reino donde mora Dios! Pablo llamó a estas dimensiones "el tercer cielo". Salomón, en la dedicación del gran templo dijo que nuestro Dios no está limitado a los cielos que observamos. "Pero ¿es verdad que Dios morará sobre la tierra? He aquí que los cielos, los cielos de los cielos, no te pueden contener; ¿cuánto menos esta casa que yo he edificado?" (1 Reyes 8:17).

¿Cómo alcanzamos la dimensión en la que mora Dios? Nuestra historia lineal no puede alcanzar el tercer cielo; estas dimensiones no se mueven en la misma dirección. Sin embargo, Sus dimensiones pueden entrelazarse con las nuestras. Cuando esto sucede, todo lo que está en la nueva dimensión (o Dios), de acuerdo con la física cuántica, está disponible en nuestra dimensión actual. Cuando estas dimensiones se entrelazan, las limitaciones y las leyes de nuestra dimensión actual pueden alterarse, romperse o transformarse. Pueden suspenderse los límites y las leyes de nuestro mundo de cuatro dimensiones. ¡Nuestro orden natural puede ser cambiado por la interrupción de una dimensión sobrenatural!

Un milagro es una interrupción dimensional, cuando el mundo espiritual entra en nuestra existencia cotidiana[1], cambiando nuestra existencia limitada de ordinaria a extraordinaria. ¡Podemos vivir con asombro de nuevo! Lo imposible se vuelve posible y crece la esperanza.

Aunque el planeta Tierra no sea nada más que una pizca de polvo en el vasto océano del universo, el telescopio Hubble comprueba que el ámbito de cuatro dimensiones en el que vive el género humano tensa la razón humana en términos de tamaño. El enorme tamaño de la creación es superado por su asombrosa belleza.

Un milagro es una interrupción dimensional cuando el mundo espiritual entra en nuestra existencia cotidiana, cambiando nuestra existencia limitada de ordinaria a extraordinaria.

Cuando bajamos el telescopio y vemos en un microscopio, descubrimos que una célula del cuerpo humano contiene vastas cantidades de información. Un conjunto de veinticuatro cromosomas humanos contiene 3.1 mil millones de patrones de código de ADN.[2] ¡Eso es totalmente increíble!

Te alabaré; porque formidables, maravillosas son tus obras; estoy maravillado, y mi alma lo sabe muy bien.

> No fue encubierto de ti mi cuerpo, bien que en lo oculto fui formado, y entretejido en lo más profundo de la tierra. Mi embrión vieron tus ojos, y en tu libro estaban escritas todas aquellas cosas que fueron luego formadas, sin faltar una de ellas.
>
> —Salmos 139:14–16

El Dr. Francis Collins quien secuenció el genoma humano y desembrolló nuestro ADN, es cristiano. Él dijo: "La solución está a la mano una vez que dejamos de aplicarle limitaciones humanas a Dios. Si Dios está fuera de la naturaleza, entonces está fuera del espacio y del tiempo. En ese contexto, Dios al momento de crear el universo pudo saber cada detalle del futuro. Incluso la formación de las estrellas, planetas y galaxias, toda la química, física, geología y biología que llevó a la formación de la vida en la tierra y la evolución de los humanos hasta el momento de su lectura de este libro, y en adelante".[3]

Mucho antes que *Star Wars,* los antiguos profetas vieron una lucha de los últimos tiempos entre las fuerzas de la oscuridad y las fuerzas de la luz en el mundo eterno. Aunque la guerra ya fue ganada por Cristo en la cruz, se está librando una batalla por el alma de la humanidad; no estamos solos en esa batalla. Tenemos aliados invisibles a nuestra disposición para ayudarnos en los últimos tiempos a medida que hacemos cumplir la victoria de Cristo.

SERES INVISIBLES

Existen otros seres que viven en la dimensión eterna. Estos son los verdaderos E.T.s (extraterrestres). Pablo le llamó a este plano "los lugares celestiales". ¡Este plano no es geográfico! ¡Esta dimensión eterna puede estar a un aliento de distancia! ¡Los ángeles viven en ese plano, pero se les permite atravesar a nuestro mundo de cuatro dimensiones! ¡Nuestro Señor Jesús salió de ese mundo hacia este para mostrarnos el camino a casa! Los ángeles se mueven en ambas dimensiones para operar a nuestro favor. Incontables ángeles nos acompañan ahora.

Se está librando una batalla por el alma de la humanidad; no estamos solos en esa batalla. Tenemos aliados invisibles a nuestra disposición para ayudarnos en los últimos tiempos a medida que hacemos cumplir la victoria de Cristo.

En esta época emocionante, la actividad y la intervención angelicales están aumentando al movernos hacia el punto culminante de la historia. Dos mundos, el mundo espiritual y el físico están rumbo a una colisión que culminará con el regreso de Cristo.

Capítulo Cuatro

La VARIEDAD de LOS ÁNGELES

Conozcamos a estos amigos y aliados para que
podamos conseguir su ayuda en la gran comisión
a la que somos llamados.

LOS EJÉRCITOS

¿Cómo opera Dios en nuestro mundo? ¡Él se mueve a través
de la gente y los ángeles! Anteriormente compartí que los
ángeles son llamados "ejércitos". ¡Este nombre tiene que ver
con la vasta cantidad de seres espirituales dispuestos para
servir! ¿Cuántos ángeles existen? Nadie más que Dios puede

contarlos: "Los carros de Dios se cuentan por veintenas de millares de millares; el Señor viene del Sinaí a su santuario" (Salmos 68:17). "[...] a la compañía de muchos millares de ángeles" (Hebreos 12:22). "[...] y su número era millones de millones" (Apocalipsis 5:11).

El punto es que hay una gran abundancia de maravillosos amigos disponibles en el momento justo para ayudarnos. Esto fue ciertamente verdad en la tarde del 6 de marzo de 1996, cuando una feroz tormenta se levantó en el este de Tennessee. Dan y Julie Harding habían casi terminado de construir su casa de 344 metros cuadrados y dos pisos de altura. La planta baja albergaba el estudio de grabación y negocio de Dan, mientras que su familia vivía en el segundo nivel.

Dan y Julie habían trabajado mucho durante la construcción de su casa con la ayuda de amigos y familiares. La casa estaba 98% terminada, todo lo que se necesitaba eran canaletas, drenaje y rellenar los cimientos.

Cuando fueron a la cama esa tarde de primavera, se comenzó a gestar una tormenta. Para las 3:45 a.m. había alcanzado toda su fuerza. "Hubo un enorme trueno que sacudió la casa y me despertó —recuerda Dan, una persona de sueño pesado y que una vez se quedó dormido durante un terremoto—. Algo dentro de mí me dijo que bajara al sótano. Miré por la ventana y parecía que estaba cayendo una cascada del techo, como una capa sólida de agua".

Dan bajó al estudio que no estaba terminado aún. "Nos habíamos mudado cuatro días antes y el espacio del estudio era solamente un cuarto grande y abierto". Exceptuando un par de paredes de apoyo y algunas cajas apiladas contra la pared oriental, no había nada allí. Dan cruzó hacia la pared opuesta y la miró. Primero, el miedo lo apresó, después el terror se asentó mientras veía los primeros signos de un inminente desastre.

"Cuando miré la pared —dijo Dan—, vi que comenzaba a formarse una grieta". La grieta medía cerca de un metro y medio, de los tres metros que medía la pared, y recorría horizontalmente toda la longitud del cimiento de dieciséis metros. Cuando la lluvia cayó del techo, se derramó a lo largo del cimiento de la casa nueva. Varias toneladas de relleno suelto cayeron instantáneamente de modo inesperado y crearon un obstáculo para el agua y esta no pudo escapar de alrededor de los cimientos. Cayó más agua del techo sin que tuviera ningún otro lugar hacia donde ir que ejercer una gran presión sobre los castillos del cimiento, los cuales nunca fueron hechos para resistir las incalculables toneladas de presión de agua que estaba siendo ejercida sobre ellos.

Dan subió de prisa las escaleras, y despertó a Julie con las noticias de que las paredes se estaban agrietando. Julie se levantó de la cama, se puso una bata, se sentó en el sofá y comenzó a orar. Dan llamó de inmediato a Mike su buen amigo constructor quien le aseguró que estaría de camino hacia allá. En cuestión de diez minutos Mike estaba allí evaluando la situación.

"Vi el piso de abajo y había ángeles
parados alrededor del perímetro
cubriendo las paredes del sótano."

"Esto está muy mal. Voy por mi camión de trabajo [con todas las herramientas], y regreso", dijo Mike.

La grieta de la pared se había abierto hasta medir media pulgada y no parecía tener intenciones de detenerse. Para empeorar las cosas, la pared del fondo de diez metros comenzaba a mostrar signos de presión y comenzaba a agrietarse también. Mientras Mike salía volando hacia las oscuras calles mojadas, formulando un plan de acción, con una mente que acababa de pasar de un pacífico sueño a una pesadilla viviente, Dan salió a la vorágine para intentar desviar el desastre potencial que se avecinaba, luchando con la lluvia, el lodo, el viento, el frío y el deseo de caer boca abajo en el lodo y gritar.

Pero durante todos ese tiempo, Julie oraba.

Y Dios se manifestó.

De hecho, para ser más preciso, envió a sus mensajeros angelicales. Mientras Julie se encontraba sentada adentro orando, completamente despierta en este punto, de pronto tuvo una visión. "Vi el piso de abajo, y había ángeles parados alrededor del perímetro cubriendo las paredes del sótano". Al principio pensó que ellos estaban ahí para sostener las paredes de modo que no se derrumbaran. Cuando fue revelado su propósito real, la realidad de la situación se volvió incluso más milagrosa.

Cerca de las 4:30 a.m., cuarenta y cinco minutos después de que todos los desastres comenzaran, Mike regresó con su camión de trabajo. Dan, con frío, mojado y enlodado salió a su encuentro y caminaron hacia el sótano (la casa estaba construida sobre un cerro, así que un extremo de la casa en realidad tenía una puerta externa, y tres lados eran predominantemente subterráneos). Cuando Mike vio la pared y la grieta que desde el momento en que se fue había triplicado su tamaño, exclamó: "¡Saca a Julie de la casa, AHORA!"

Dan subió corriendo las escaleras, tomó a Julie y la sacó llevándola hacia el camión de Mike que aún estaba encendido. Mike escapó justo detrás de ellos. Entonces sucedió...

Después de sesenta segundos de haber salido de la casa, los dieciséis metros del cimiento se colapsaron. Una riada de lodo, rocas, agua y otros muchos objetos se desbordó en el sótano. Dan recuerda haber pensado mientras veía parado en la lluvia sus sueños derrumbarse junto con la pared: "Dios, si todo se derrumbará, permíteme estar ahí cuando suceda".

Ahora, normalmente en una situación como esa, una vez que se derrumba la pared, la casa sobre ella por lo menos se hundiría algunos centímetros. Esto crearía una reacción en cadena de tablaroca agrietada, baldosas rotas, puertas descuadradas, vidrios rotos y una gran cantidad de problemas.

Sin embargo, ya que el muro del fondo tenía grandes cantidades de presión en su contra, se agrietaba y ya había perdido un muro de apoyo de un lado, una vez que el muro del fondo se colapsara, la casa básicamente se desplazaría y todo se derrumbaría hacia el hoyo que alguna vez habían sido los cimientos. "Yo estaba desesperado. Solamente estaba esperando que todo terminara", recuerda Dan.

Nunca sucedió.

Más tarde Julie se dio cuenta de que aunque ella pensó que los ángeles de su visión estaban ahí para evitar que las paredes se colapsaran, ellos en realidad estaban sosteniendo la casa. Dios le mostró sobrenaturalmente que los ejércitos angelicales que estaban ahí, los estaban protegiendo de lo que pudo haber sido una pérdida catastrófica. El muro del fondo, tan dañado como estaba y con la mucha presión que soportó, nunca cayó. El lado de la casa que de pronto se quedó sin sostén debajo, se hundió menos de un centímetro. Virtualmente no hubo daño alguno en el interior de la casa. "A menos de que supieras exactamente dónde mirar —afirmó Dan—, no había daño alguno. De hecho, todo el daño sufrido, eran fracturas delgadas en las uniones de la tablaroca, y un par de baldosas en el baño tenían fracturas casi invisibles. Básicamente lo que le hubiera sucedido a la casa al asentarse".

La palabra en español ángel *viene de la palabra griega* aggelos, *que se encuentra en el original del Nuevo Testamento. Esta palabra significa* "un heraldo o un mensajero".

Durante las siguientes horas, mientras el ejército de amigos y familiares llegaron para ayudar, la casa estaba sostenida, y la situación había pasado de ser "de vida o muerte" a "¿cuántas carretillas llenas de lodo puedes sacar del sótano?". Durante toda la experiencia y hasta este día, Dan sigue asombrado: "Durante todo el día y todo el caos, Julie fue la roca. Yo estaba agotado y listo para tirar la toalla, pero Dios le había dado a Julie la visión y le había permitido ver que les ángeles nos estaban protegiendo y sosteniendo. Había en ella una paz que en ese momento no entendí. Solamente podía ver en lo natural la cadena de sucesos que acontecieron y lo que *debía* haber sido la conclusión lógica. Dios le mostró a Julie la realidad de la situación".

Así como Jacob soñó con ángeles, lo hizo Julie en los Sea Level Studios, y su casa aún permanece. ¡Por cierto, mi programa diario de radio se graba en ese lugar milagroso! Los ejércitos están disponibles para todos nosotros.

LOS ÁNGELES

Los "ejércitos" también son llamados "ángeles". La palabra en español para *ángel* viene del griego *aggelos*, que se encuentra en el original del Nuevo Testamento. Esta palabra significa "un heraldo o un mensajero".

En el Antiguo Testamento la palabra traducida como "ángel" es *malak* que significa "un mensaje enviado". Esto, por supuesto, indica que Dios utiliza a los ángeles para comunicarse. En un capítulo más adelante, veremos cómo podemos recibir fe y dirección de estos asombrosos aliados.

Los ángeles no son los hijos "unigénitos" de Dios, mientras que Jesús es el "único" Hijo unigénito de Dios.

Nuestros aliados son criaturas sobrenaturales con una inteligencia superior. Ellos son parte de nuestra familia en el reino. En Hebreos 12:22 podemos leer acerca de la "compañía de muchos millares de ángeles" reunidos con la iglesia en adoración. Obviamente los ángeles son los "especialistas en comunicación de Dios" con la Tierra.

Todos nosotros sabemos del derrumbe financiero de finales de 2008. Dos semanas antes de que la crisis estallara, yo estaba orando en el estudio en mi sótano, cuando sentí una brisa y una presencia en la habitación. Mientras oraba, escuché en mi espíritu una voz que decía: "¡Asegura tu retiro!". En lugar de obedecer al ángel visitante, llamé al ejecutivo que nos atiende en nuestra sucursal cristiana de retiro, quien me dijo que no moviera el dinero. Como consecuencia experimenté pérdida, como lo hizo la mayoría en el país. Estoy firmemente convencido de que Dios envió a un ángel para advertirme y no escuché.

HIJOS DE DIOS

Los ángeles también son llamados "hijos de Dios". Este título se utiliza principalmente en el Antiguo Testamento, y habla de su relación con Dios el Padre. "Aconteció que otro día vinieron los hijos de Dios para presentarse delante de Jehová" (Job 2:1).

Los ángeles no son hijos "engendrados" por Dios, mientras que Jesús es el "único" Hijo engendrado por Dios (Juan 3:16). Aquellos que somos cristianos también somos "hijos de Dios". "Para que seamos llamados Hijos de Dios" (1 Juan 3:1). Dios es Padre de todos nosotros y nosotros somos parte de una familia cósmica eterna.

LOS QUERUBINES

Algunos ángeles se llaman querubines; ellos vigilan el trono de Dios en la tierra. Parece, por lo que leemos en las Escrituras, que ellos acompañan a Dios cuando Él mismo se manifiesta en la Tierra. "Cabalgó sobre un querubín, y voló; voló sobre las alas del viento" (Salmos 18:10).

Los querubines son los primeros en mencionarse en Génesis 3:24, cuando son ubicados en el lado este de Edén para vigilar el camino hacia el árbol de la vida. ¡Esto es muy interesante ya que la palabra *querubín* viene de una palabra antigua que significa "grande, poderoso y misericordioso para bendecir"![1] ¡Estos son claramente los atributos de Dios! Parecería que en Edén estos querubines son hostiles hacia los humanos al vigilar el camino hacia el árbol de la vida.

¡Por el contrario, ellos muestran gracia, ya que si Adán comía de ese árbol, él sería maldito y viviría en un cuerpo perecedero para siempre! Fue la gracia para con nosotros la que ubicó ahí a los querubines.

Creo que Adán y su familia trajeron su ofrenda a las puertas de Edén en donde estos querubines estaban emplazados. Aquí, nuestra familia antigua ofreció un sacrificio de sangre. Es interesante ver más adelante en las Escrituras que hermosos querubines de oro adornaban el lugar santísimo alrededor del propiciatorio en el tabernáculo y el templo. También adornaban el arca del pacto. Estas bellas criaturas eran un recordatorio de todo lo que se había perdido más allá de la puerta del huerto y de la necesidad del hombre de un Salvador.

Los querubines reales moraban en el tabernáculo cuando la nube de gloria, llamada Shekhiná, apareció sobre el propiciatorio. Los ángeles protegían la presencia de Dios. Cuando Dios no era honrado, los ángeles eran activados para defender el trono de Dios.

> Y de ahí me declararé a ti, y hablaré contigo de
> sobre el propiciatorio, de entre los dos queru-
> bines que están sobre el arca del testimonio,
> todo lo que yo te mandare para los hijos de
> Israel.
>
> —Éxodo 25:22

Estos querubines aparecen más tarde en el libro de Ezequiel capítulo 10, donde son descritos con cuatro caras, alas y ruedas como medio de transporte. ¡Esto parecería ir de la mano con la idea de que los conductores del carro de Dios transportan el trono de Dios en la tierra!

Más tarde estos mismos seres se observan en Apocalipsis 4 y son llamados "seres vivientes" en español, y en griego *zoon*, del cual obtenemos la palabra en español *zoológico*. Los querubines son fuerzas angelicales relacionadas con el planeta Tierra y su orden creativo. Las cuatro caras muestran esta verdad, ya que el número cuatro representa a la tierra en los tiempos primeros.

Cuando Dios no era honrado,
los ángeles eran activados para
defender el trono de Dios.

En el siguiente capítulo hablaré de Lucifer que era el querubín en jefe, cómo se convirtió en Satanás y cómo afecta esto a la Tierra.

LOS SERAFINES

Algunos seres celestiales se llaman serafines. Esto se encuentra solamente en Isaías 6, cuando el gran profeta tuvo su visión transformadora. ¡El rey y primo de Isaías, Uzías, había muerto y el profeta entró al lugar santísimo al cual estaba prohibido entrar! En esta profunda pena, él necesitaba una palabra de Dios, incluso si moría en su presencia. ¡Al entrar al lugar santísimo, Isaías vio al Señor alto y sublime en majestad y gloria! En este lugar, los serafines adoraban a Dios dando voces: "Santo, santo, santo". Cuando Isaías vio esta escena, fue provocado a confesar su propia indignidad. Un serafín trajo un carbón encendido del altar en donde ardía el sacrificio de sangre, y lo colocó en la boca del profeta, limpiándolo y redirigiendo su vida.

Serafín significa "los que arden"; ahí parecería haber un enlace directo con estos ángeles y la manifestación de la presencia de Dios. ¡Estos son seres que hacen arder nuestros corazones por la santidad de Dios, su presencia y su poder! (ver Isaías 6:1–7).

MIGUEL

Miguel, cuyo nombre significa "quién es como Dios", se menciona tanto en el Antiguo como en el Nuevo Testamento, donde descubrimos que es un comandante y jefe de los ejércitos angelicales relacionados con la Tierra. En el libro de Daniel, fue Miguel quien vino a ayudar al ángel que peleaba con el príncipe demoniaco de Persia durante dos semanas para responder las oraciones de Daniel (consultar Daniel 10:13). Miguel también se encuentra en Apocalipsis 12:7 al final de la era como el que saca a Satanás y a los ángeles caídos de los lugares celestiales. ¡En el habla de hoy en día Miguel sería conocido como el secretario de defensa!

El ángel del Señor tiene un poder impresionante. Él conoce y opera en aquellos que moran en la presencia de Dios.

GABRIEL

Este ángel poderoso aparece para responder a la oración, interpretar sueños y soltar la palabra de Dios. Si Miguel es el secretario de defensa, entonces Gabriel es el vicepresidente de comunicación. Él interpretó los sueños a Daniel en dos ocasiones diferentes. Gabriel también llevó la palabra a María de que aunque era virgen, ella daría luz a un niño, Jesús, el Hijo de Dios. Gabriel dijo de él mismo: "Que estoy delante de Dios" (Lucas 1:19). Esto indica que, junto con Miguel, Gabriel es el rango más alto de autoridad angelical.

¿Podría este ángel tener la tarea especial de cuidar la salvación? En Isaías 63:9 podemos leer: "En toda angustia de ellos él fue angustiado, y el ángel de su faz los salvó". Algunos creen que el ángel de su faz es Cristo antes de ser encarnado; este ángel claramente no lo es, sino que es Gabriel.

EL ÁNGEL DEL SEÑOR

El término "ángel del Señor" se menciona sesenta y tres veces en las Escrituras. Como en el caso del ángel de su faz, muchos creen que es Cristo antes de ser encarnado.

Esto es imposible ya que este ángel aparece doce veces en el Nuevo Testamento. Este ángel y el ángel de su faz podrían ser posiblemente el mismo ser. Este ángel tiene una unción asombrosa, tanto que la presencia de Dios es reconocida y adorada cuando este ángel aparece. Esto me lleva a creer que este ángel es el ángel que acompaña a Dios.

El ángel del Señor tiene un poder impresionante. Él conoce y opera a favor de aquellos que moran en la presencia de Dios. Fue este ángel el que detuvo la mano de Abraham para que no asesinara a Isaac… que extendió su espada sobre Jerusalén, provocando destrucción en los días de David… que mató a 185,000 del ejército asirio en una noche… que ordenó a los ángeles protectores vigilar a toda la tierra en Zacarías. También vemos que el ángel del Señor dirigió al coro celestial en el campo de los pastores en Belén, se le apareció a José y a María para guiarlos a la seguridad de Egipto, y golpeó a Pedro para despertarlo y sacarlo de prisión.

PRINCIPADOS, POTESTADES, TRONOS Y DOMINIOS

Estos son títulos de ángeles que están en regiones, naciones, ciudades y comunidades. Estos pueden ser seres buenos o malos. Existe una batalla en el mundo invisible, conocido como lugares celestiales, entre los ángeles de luz y los de la oscuridad. Esta batalla es afectada por nuestras oraciones. En un capítulo más adelante, hablaremos más de los ángeles caídos. Los ángeles se organizan en rangos y operan a manera de ejército. Asimismo, todos los ángeles tienen nombres, personalidades distintas y tareas específicas.

A medida que la iglesia se agota y se da cuenta de lo imposible que es cumplir con su tarea, la amenaza del terrorismo demoniaco y la cada vez mayor oposición de la sociedad secular, recurrirá a los recursos sobrenaturales disponibles de parte de Dios. ¡La iglesia descubrirá un cielo abierto y los ejércitos angelicales vendrán en nuestra ayuda!

Los ángeles están organizados en rangos y operan a manera de un ejército.

Billy Graham dijo: "Los ángeles pertenecen a una dimensión totalmente diferente de la creación que nosotros, limitados al orden natural, apenas podemos comprender. En este dominio angelical las limitaciones son diferentes de aquellas que Dios ha impuesto en nuestro orden natural. Él le ha dado a los ángeles un mayor conocimiento, poder y movilidad que a nosotros; ellos son los mensajeros de Dios cuya principal responsabilidad es llevar a cabo sus órdenes en el mundo. Les ha dado un cargo diplomático. Los ha designado como ayudantes santos para realizar obras de justicia y les ha otorgado poderes. De esta manera lo ayudan como su creador, mientras que su soberanía controla el universo. De manera que les ha dado la habilidad de llevar sus empresas santas a una conclusión exitosa".[2]

Capítulo Cinco

La APARIENCIA *de* LOS ÁNGELES

"Acababa de ver un ángel. No podría describir
su apariencia, pero lo vi. Como el viento cuando
sopla sobre una bandera, vi al ángel por la fuerza
de su acción".

EN 1994 NUESTRA iglesia comenzó a experimentar
un auge de avistamientos angelicales. Esto continúa
hoy en día. Los ángeles entraron en una reunión de
jóvenes un viernes en la noche, y los que los vieron los descri-
bieron como seres de entre tres y tres metros y medio de alto
que brillaban en ámbar y blanco.

En nuestro santuario anterior, en dos ocasiones los ángeles hicieron explotar dos bolas de fuego visibles con mucho ruido. En una de estas ocasiones fue directamente sobre mi cabeza, y sucedió mientras reprendía fuerzas demoniacas. En la otra ocasión, un hombre, cuyos adolescentes consumían drogas, tomó autoridad sobre el enemigo en nuestro púlpito, y de nuevo se manifestó un fuego angelical. ¡Esto le sucedió en las Escrituras a Manoa en el libro de Jueces capítulo 13, mientras el ángel del Señor ascendía en un fuego!

El temor se apoderó de mí, pero estaba
preparada para este momento. Dios
me había llevado en este viaje y era
tiempo de una lección objetiva.

Más tarde, aparecieron dos ángeles en la plataforma quienes se mudaron a nuestro nuevo santuario con nosotros. Ambos se paran apenas atrás de mí a mi mano derecha. Uno es una figura altísima que es casi de la altura del edificio; el otro es más pequeño y se para más cerca y se conoce como nuestro "ángel de gozo". En varias ocasiones, los que también se paran a mi derecha, se encuentran gozosos o riendo sin razón aparente; esto me ha sucedido docenas de veces. Aunque no todos pueden ver a estos ángeles, aquellos que ven el mundo espiritual los han visto. Incluso aquellos que no los pueden ver han experimentado su ministración. Jennie Griesemer tuvo tal experiencia; dejaré que ella le relate en sus propias palabras.

Aunque han pasado más de quince años, el recuerdo del día en que "vi" un ángel, sigue fuerte y claro en mi mente. Morgan y Karla eran pequeños, y estaban bien sujetos en sus sillas detrás de mí. Era nuestro día de quehaceres fuera de casa y yo estaba haciendo mis tareas con diligencia. Nuestra siguiente parada era entregar algunos productos de nuestro negocio de ventas directas a un nuevo cliente que vivía en Grant Estates fuera de la carretera Dietz en Ringgold, Georgia, donde vivíamos en ese tiempo. Ella me había ordenado dejar los productos en el pórtico frontal y por ninguna razón debía acercarme hacia el patio trasero cercado. "Tenemos un perro Chow Chow allá que es muy fiero. Incluso ha mordido a familiares —nos advirtió—, así que solamente deje el pedido en la puerta frontal. Eso estará bien".

Conduje hacia la subdivisión y por una cresta empinada hacia una privada aislada donde estaba la casa del cliente sola rodeada de árboles. Después de estacionarme en la entrada, tomé la caja de los productos, me dirigí hacia la acera, subí las escaleras y fui al pórtico frontal donde deposité mi carga frente a la puerta frontal. Al girar para irme, me congelé de pánico en la cima de las escaleras, ya que al pie estaba el perro Chow Chow, mostrando los dientes, gruñendo ferozmente y listo para atacar. El temor se apoderó de mí, pero estaba preparada para este momento. Dios me había llevado en este viaje y era tiempo de una lección objetiva.

"No os ha sobrevenido ninguna tentación humana; pero fiel es Dios, que no os dejará ser tentados más de lo que podéis resistir, sino que dará también juntamente con la tentación la salida, para que podáis soportar"

—1 Corintios 10:13

Mediante la enseñanza bíblica de un hombre llamado Kenneth Copeland, Dios me había estado instruyendo acerca de la naturaleza del temor y la fe. Había podido entender que el miedo es la misma fuerza espiritual que la fe, pero al revés. Mientras que la fe se produce al escuchar la Palabra de Dios, el temor viene de escuchar y creer lo equivocado. El temor es contrario a la fe; es la fe en la capacidad del enemigo para hacer daño. No es de sorprenderse que Jesús enseñó repetidamente: "No temas". El temor y la fe son mutuamente excluyentes y, como la marcha hacia adelante o atrás, no pueden funcionar en el mismo corazón al mismo tiempo.

La fe se produce al escuchar la Palabra de Dios, el temor viene de escuchar y creer lo equivocado. El temor es contrario a la fe; es la fe en la capacidad del enemigo para hacer daño.

Tal como una gran bandera roja, la conciencia del temor me recordó que no debía ceder a él. Por la gracia de Dios, dije en voz alta: "¡NO TEMERÉ!". Igual de rápido que la fuerza del temor me había invadido, se retiró. Ahora, con una mente clara, respondí con la fe en la Palabra de Dios en mi corazón (Salmos 91:9–11; 103:20; Hebreos 1:14). Hablé en voz alta lo que Dios en su misericordia había guardado abundantemente en mi corazón durante las semanas y meses anteriores de entrenamiento: "Ángeles, los comisiono en el nombre de Jesús para quitar a este perro del camino, regresarlo a su cerca y permitirme regresar segura a mi coche".

De pronto, los fieros ojos del animal, que hasta ese momento habían estado fijos intensamente en mí, se abrieron. Vi una asombrada mirada en sus ojos. Después su cabeza fue dirigida hacia el camino como si una mano invisible se hubiera apoderado de su cuello. Él respondió con un gruñido de resistencia inútil cuando la mano invisible lo volteó 90 grados cabeza abajo hacia el camino. Mientras la mano invisible lo arrastraba, el perro gruñó y tiraba contra la fuerza que lo apartaba de mí. Fui detrás del animal señalando el camino, agradeciéndole a Dios por la protección de su ángel. "Gracias, Dios, por tus ángeles. Gracias por prestar oídos a mi voz. Ahora, sigue. Llévalo a la cerca trasera…".

Al final de la acera, el perro cautivo fue a la izquierda hacia la puerta trasera, y yo regresé para entrar en mi coche. A salvo, dentro de mi coche, la adrenalina que había corrido en mí, me dejó un poco débil y comencé a temblar. Acababa de ver un ángel. No podría describir su apariencia, pero lo vi. Como el viento cuando sopla sobre una bandera, vi al ángel por la fuerza de su acción sobre ese perro. Efectivamente, los ángeles son "espíritus ministradores, enviados para servicio a favor de los que serán herederos de la salvación" (Hebreos 1:14).

Al mirar las Escrituras y la historia, los ángeles han aparecido de muchas maneras diferentes. Los ángeles no son iguales en apariencia ni en funciones. En las Escrituras, a menudo los ángeles tomaron apariencia de hombres. Algunos ángeles tienen alas, otros no. Los ángeles parecen poder adoptar cualquier forma necesaria para llevar a cabo su función. A menudo los ángeles actúan como nosotros, comen y beben, hablan y cantan. Y aun así, se manifiestan como viento o fuego; y también se manifiestan como espíritus.

Los ángeles son seres espirituales

Parece ser que los ángeles tienen un cuerpo espiritual adecuado para la dimensión celestial. Un cuerpo espiritual no está sujeto a las limitaciones de nuestros trajes o cuerpos terrenales. Primera de Corintios 15:44 dice: "Se siembra cuerpo animal, resucitará cuerpo espiritual. Hay cuerpo animal, y hay cuerpo espiritual".

Nuestros cuerpos, tal como son, no tienen acceso a las dimensiones espirituales. Los ángeles y los demonios pueden traspasar lo que llamamos cuerpos sólidos y no están limitados a nuestro tiempo y espacio.

Tal parecería que los ángeles funcionan como un cuerpo espiritual que no está sujeto a las leyes de la naturaleza en nuestro mundo de cuatro dimensiones. Nuestros cuerpos en la vida eterna serán como el de los ángeles: "Porque en la resurrección ni se casarán ni se darán en casamiento, sino serán como los ángeles de Dios en el cielo" (Mateo 22:30).

Los ángeles son soldados

Como hemos observado, los ángeles son llamados "ejércitos" más que cualquier otro título que les haya sido dado. La palabra "ejércitos" es traducida por algunos como "ejércitos angélicales". Los ángeles tienen acceso a armas en el mundo espiritual. Como ya hemos visto, los ángeles son soldados poderosos en el mundo celestial. Recordemos que en Daniel capítulo 10, él vio y escuchó las palabras del ángel después de tres semanas de ayuno y oración. La apariencia del ángel era "vestido de lino, y ceñidos sus lomos de oro de Ufaz. Su cuerpo era como de berilo, y su rostro parecía un relámpago, y sus ojos como antorchas de fuego, y sus brazos y sus pies como de color de bronce bruñido, y el sonido de sus palabras como el estruendo de una multitud" (Daniel 10:5-6). Solamente Daniel vio, describió y escuchó la declaración del ángel. El ángel había sido estorbado por el príncipe de Persia. La batalla entre los dos se había agravado y retrasó al ángel para llegar con Daniel. Fue hasta que Miguel, el arcángel, vino a ayudar y a pelear con el enemigo, que Daniel pudo escuchar el mensaje celestial.

En este pasaje se levantó momentáneamente la cortina para mostrar las batallas celestiales en las que ángeles, demonios y creyentes están involucrados. No solamente el ángel peleó en los cielos por Daniel, sino que también lo consoló, tranquilizó, fortaleció y le mostró los últimos tiempos.

Los ángeles son poderosos en batalla y toman la causa de los creyentes y de Israel. La batalla es del Señor, y arde en los reinos invisibles.

Estos poderosos ángeles, por su misma naturaleza, son seres hacedores de milagros llenos del poder y fuerza dados por Dios.

Los ángeles operan en el mundo sobrenatural

Pablo describe a los ángeles como poderosos en 2 Tesalonicenses.

> ...y a vosotros que sois atribulados, daros reposo con nosotros, cuando se manifieste el Señor Jesús desde el cielo con los ángeles de su poder.
>
> —2 Tesalonicenses 1:7

En su traducción del griego, la frase *de su poder* es la palabra *dunamis*, que significa "poder sobrenatural innato". Estos ángeles poderosos, por su misma naturaleza, son seres hacedores de milagros llenos del poder y fuerza dados por

Dios. ¡Los ángeles son agentes de milagros y del poder sobre-natural de Dios aun en nuestros días!

Los ángeles son rápidos en sus movimientos

Al mirarlos de cerca, los ángeles parecen moverse a la velocidad del pensamiento; algunas veces se mueven tan rápido que simplemente "aparecen" en escena. Ellos no están limitados por nuestro tiempo o historia ya que vuelan por nuestra atmósfera y por el sistema solar; ellos son en verdad los ovnis supremos.

> Vi volar por en medio del cielo a otro ángel, que tenía el evangelio para predicarlo a los moradores de la tierra, a toda nación, tribu, lengua y pueblo.
>
> —APOCALIPSIS 14:6

¡El hombre envidia a los ángeles porque desea volar! Desde los primeros intentos de los hermanos Wright hasta las nuevas tecnologías que nos permiten vivir en el espacio, el hombre tiene una compulsión por explorar más allá de los confines de nuestras cuatro dimensiones como lo hacen los ángeles. Neil Armstrong, comandante del vuelo del Apollo que llevó al primer hombre a la luna dijo: "Los pilotos no encuentran un gozo especial al caminar. A los pilotos les gusta volar".[1] Todos, tengamos la oportunidad o seamos limitados por las circunstancias de la vida, queremos volar en esa dimensión celestial. Un día volaremos con los ejércitos celestiales.

Los ángeles son fuertes

Los ángeles parecen ser criaturas fuertes e incansables que, como podemos leer en Apocalipsis 4:8, no cesan día y noche de adorar. Los ángeles tienen una unción de fortaleza que fluye en la atmósfera de la adoracion; a diferencia de nosotros, ellos no se cansan en la guerra, en la adoración o en el ministerio.

Los ángeles son sistemáticos

Los ángeles no se desvían de su orden o rango. Ellos funcionan conforme a los mandamientos de Dios, sabiendo que su propósito y ministerio es permanecer fieles en la ejecución de sus tareas. No hay duda de que usted pudo ya haberse encontrado con ángeles. Usted pudo no haberlos reconocido ya que muchas veces toman la forma de humanos y no pueden distinguirse de los hombres, pero ellos estuvieron acompañándolo.

Capítulo Seis

El
CONFLICTO DE
LOS ÁNGELES

La buena noticia para todos nosotros es que hay dos ángeles por cada demonio. Estos fieles aliados han sido probados para la guerra en los tiempos eternos del pasado.

EN SU OBRA monumental *Earth's Earliest Ages* [Las eras más antiguas de la Tierra], G. H. Pember declaró que hubo una primera tierra que pasó por una catástrofe colosal.[1] Pember demuestra convincentemente que algo sucedió entre Génesis 1:1 y Génesis 1:2 que hizo que la tierra estuviera "desordenada y vacía". En Isaías 45:12, Isaías declara que Dios no hizo a la tierra "desordenada y vacía". ¿Qué sucedió en la Tierra antes del Huerto de Edén? ¿Pudo existir un mundo en el que el querubín llamado Lucifer gobernó y cubrió una tierra llamada Edén? En la lamentación profética al rey de Tiro, Dios habla por medio de Ezequiel para describir este mundo antiguo y a su ungido líder, el ángel Lucifer.

Satanás desea tener la posición, la preeminencia, el pueblo y el poder del Creador. Él quiere sentarse "en el monte del testimonio". ¡Satanás y los ángeles caídos desean dominar la adoración del pueblo de Dios!

Ezequiel 28 nos lleva de vuelta más allá de la historia, a la tierra de Edén antes del huerto. Lucifer es descrito como "el sello de la perfección, lleno de sabiduría, y acabado de hermosura" (versículo 12). Además, nos dice que mientras era perfecto, gobernó sobre una tierra llamada Edén. "En el huerto de Dios estuviste" (versículo 13). En ese huerto, este ángel fue cubierto con gran riqueza y rodeado por una vasta cantidad de instrumentos musicales. De hecho, Lucifer fue creado para ser el protector del nuevo planeta de Dios, la Tierra. "Tú, querubín grande, protector, yo te puse en el santo monte de Dios, allí estuviste; en medio de las piedras de fuego te paseabas" (versículo 14). Era una criatura hecha a la perfección por Dios para gobernar en la primera tierra, para

guiar en alabanza a sus criaturas y para soltar las fuentes crea-
tivas de Dios de las piedras de fuego sobre la Tierra. Lucifer
estaba ungido para ese propósito excelso, y cometió injusticia
aunque había sido creado perfecto. "Perfecto eras en todos tus
caminos desde el día que fuiste creado, hasta que se halló en ti
maldad" (versículo 15). Esta palabra *maldad* significa "distor-
sionar o tergiversar". ¡Lucifer comenzó a anhelar la alabanza
para sí mismo! Dios removió a Lucifer de su papel de líde-
razgo: "A causa de la multitud de tus contrataciones fuiste
lleno de iniquidad, y pecaste; por lo que yo te eché del monte
de Dios, y te arrojé entre las piedras del fuego, oh querubín
protector" (versículo 16). Dios echó a Lucifer por su orgullo:
"Se enalteció tu corazón" (versículo 17).

Isaías confirmó esta palabra profética, dándonos otra
versión de este crucial evento: "¡Cómo caíste del cielo, oh
Lucifer, hijo de la mañana!" (Isaías 14:12).

La caída de Lucifer sucedió en el antiguo Edén. ¡Cuando
cayó, la antigua Tierra fue destruida como si un asteroide
hubiera chocado! Toda vida fue extinguida y la tierra se hizo
desordenada y vacía. En esa rebelión, un tercio de los ejércitos angelicales cayeron con él.

> También apareció otra señal en el cielo: he
> aquí un gran dragón escarlata, que tenía siete
> cabezas y diez cuernos, y en sus cabezas siete
> diademas; y su cola arrastraba la tercera parte
> de las estrellas del cielo, y las arrojó sobre la
> tierra. Y el dragón se paró frente a la mujer que
> estaba para dar a luz, a fin de devorar a su hijo
> tan pronto como naciese.
>
> —APOCALIPSIS 12:3–4

Observe que estos ángeles cayeron a la tierra; esto fue parte de la antigua catástrofe. ¡Lucifer se convirtió en Satanás, el archienemigo de Dios y de su propósito para el hombre! Satanás desea tener la posición, la preeminencia, el pueblo y el poder del Creador. Él quiere sentarse "en el monte del testimonio" (Isaías 14:13). ¡Satanás y sus ángeles caídos desean dominar la alabanza del pueblo de Dios!

EL HOMBRE ES EL PLAN DE DIOS

Dios vino a un planeta en ruinas, lo hizo habitable y plantó un huerto en el mismo lugar, Edén. Después creó al hombre, pero una serpiente poseída por Satanás estaba al acecho en ese huerto. Había llegado un nuevo rey a la tierra y Satanás vino para usurpar la posición del hombre. Adán y Eva cayeron, y como consecuencia toda la humanidad cayó, dejando que la humanidad y las huestes de demonios caídos habitaran esta dimensión terrenal.

Como el segundo Adán, Jesucristo moriría y sería levantado de la muerte para vencer a Satanás y a los ángeles caídos, así como también para redimir a la humanidad caída. Dios crearía una nueva humanidad en Cristo.

Los demonios viven para frustrar a los cristianos de cumplir su propósito. Operando sigilosamente, ellos buscan trastornar secretamente la voluntad de Dios.

LAS CARACTERÍSTICAS DEL ENEMIGO DEL PLAN DE DIOS

Aunque la batalla ha sido ganada, seguiremos enfrentando a las fuerzas de las tinieblas de Satanás hasta el final de los tiempos. Observe las características de tales fuerzas:

Rasgos demoniacos

La Biblia habla de estos ángeles caídos como pecadores. Estos seres creados estuvieron involucrados en guerras y conspiraciones contra el Altísimo: "Porque si Dios no perdonó a los ángeles que pecaron, sino que arrojándolos al infierno los entregó a prisiones de oscuridad, para ser reservados al juicio" (2 Pedro 2:4).

Todos ellos son rebeldes por naturaleza. Son malvados y feroces. Estos ángeles profanos muestran maldad, iniquidad y actos ilícitos bajo el ángel de las tinieblas. Salmos 78:49 dice: "Envió sobre ellos el ardor de su ira; enojo, indignación y angustia, un ejército de ángeles destructores".

Funciones demoniacas

Los demonios están organizados en rangos llamados principados, potestades, gobernadores de las tinieblas y huestes espirituales de maldad. Estos poderes se relacionan con la posesión demoniaca y la hechicería, ya que influencian a los seres humanos. Incluso en *Macbeth* de Shakespeare, Lady Macbeth invocaba a las fuerzas del maligno, los "ministros asesinos" y "sustancias invisibles" que "sirven a los desvíos de la naturaleza".[2] La escritura revela su propósito de esta manera:

> Porque no tenemos lucha contra sangre y carne,
> sino contra principados, contra potestades,
> contra los gobernadores de las tinieblas de este
> siglo, contra huestes espirituales de maldad en
> las regiones celestes.
>
> —Efesios 6:12

Los demonios viven para frustrar a los cristianos de cumplir su propósito. Operando sigilosamente, ellos buscan trastornar secretamente la voluntad de Dios. En 1 Timoteo 4:1, estos malvados son llamados espíritus engañadores y seductores, así como espíritus de error: "Pero el Espíritu dice claramente que en los postreros tiempos algunos apostatarán de la fe, escuchando a espíritus engañadores y a doctrinas de demonios". "Y no es maravilla, porque el mismo Satanás se disfraza como ángel de luz" (2 Corintios 11:14).

Ellos operan con engaño particularmente donde se rechaza la verdad. Al hacer esto, los demonios provocan destrucción en la tierra así como graves problemas mediante manipulación.

Fuerzas demoniacas que ya están atadas

Algunos rangos de ángeles caídos fueron tan viles que Dios los ató con cadenas de tinieblas.

> Aconteció que cuando comenzaron los hombres
> a multiplicarse sobre la faz de la tierra, y les
> nacieron hijas, que viendo los hijos de Dios que
> las hijas de los hombres eran hermosas, tomaron
> para sí mujeres, escogiendo entre todas. Y dijo
> Jehová: No contendrá mi espíritu con el hombre

para siempre, porque ciertamente él es carne;
mas serán sus días ciento veinte años. Había
gigantes en la tierra en aquellos días, y también
después que se llegaron los hijos de Dios a las
hijas de los hombres, y les engendraron hijos.
Estos fueron los valientes que desde la anti-
güedad fueron varones de renombre.
—GÉNESIS 6:1–4

Algunos demonios cohabitaron con mujeres y el fruto
de la unión produjo gigantes en la tierra. Estos gigantes
pudieron ser la fuente de los famosos dioses de la mitología
del mundo antiguo. En el Nuevo Testamento son llamados
"los ángeles que pecaron" (2 Pedro 2:4).

Estos ángeles dejaron su propio hogar, se establecieron
en los ejércitos humanos y engendraron una raza híbrida de
humanos malvados y viles.

Cristo les predica

Pedro dice que Cristo les predicó a los "espíritus encarcelados". Jesucristo fue allí durante los tres días en que estuvo
ausente de la Tierra después de su crucifixión y antes de su
resurrección.

En el cual también fue y predicó a los espíritus
encarcelados, los que en otro tiempo desobede-
cieron, cuando una vez esperaba la apariencia
de Dios en los días de Noé, mientras se preparaba el arca, en la cual pocas personas, es decir,
ocho, fueron salvadas por agua.
—1 PEDRO 3:19–20

Sabemos que estos demonios fueron confinados por Dios. Aunque en este pasaje se use la palabra *predicar*, no es la palabra griega *evangelion* que significa "predicar el evangelio", sino la palabra griega *kerusso*, que significa "proclamar o anunciar". Este pasaje está dirigido a los demonios. Para los hombres no hay predicación del Evangelio después de la muerte. "Y de la manera que está establecido para los hombres que mueran una sola vez, y después de esto el juicio" (Hebreos 9:27).

Además, no existe una prisión especial para los humanos que pecaron en los días de Noé. Jesucristo murió y descendió al infierno. Dejó al ladrón agonizante en el paraíso y se fue al lugar de tormentos, y le anunció su victoria a estos demonios confinados: "[...]quien habiendo subido al cielo está a la diestra de Dios; y a él están sujetos ángeles, autoridades y potestades" (1 Pedro 3:22).

En el mundo eterno, los demonios más poderosos del enemigo fueron humillados por completo: "Y despojando a los principados y a las potestades, los exhibió públicamente, triunfando sobre ellos en la cruz" (Colosenses 2:15).

Jesús, en la ascensión, vació el paraíso donde estaban los santos del Antiguo Testamento y selló el infierno junto con sus fuerzas malignas.

Ángeles y demonios

La buena noticia para todos nosotros es que existen dos ángeles por cada demonio. A menudo la Biblia se refiere a ellos como ejércitos de ángeles. Estos fieles aliados fueron probados para la guerra en los tiempos eternos del pasado. En la actualidad, los ángeles permanecen con nosotros para hacer cumplir la victoria del Hijo de Dios, mientras que nuestro enemigo vencido está sujeto a todo el que cree en Cristo. ¡Un día Dios restaurará nuestro planeta y un nuevo Edén será nuestro, y ahí, junto con los ángeles de gloria, glorificaremos a nuestro Padre y a su Hijo Jesucristo!

Sección Dos

La
MANERA EN QUE
LOS ÁNGELES
OPERAN

Capítulo Siete

ADORACIÓN—
LOS ÁNGELES
ALREDEDOR *del* TRONO

Como aliados de los ángeles, no podemos permanecer callados al experimentar las poderosas obras de Dios. ¡Nosotros también debemos proclamar sus alabanzas, porque Él es digno!

EN MI PRIMER viaje a Huehuetenango, Guatemala, experimenté acompañamiento angelical durante la adoración. Cientos estábamos reunidos en el centro de convenciones y habíamos estado adorando con la música y cantando durante cuarenta y cinco minutos, cuando observé orbes de luz moviéndose arriba de nosotros. También escuché sonidos además de nuestras voces e instrumentos de naturaleza angelical. En esos momentos yo estaba en una profunda intimidad con Dios, y comencé a gritar: "Santo", y a llorar.

¡Los ángeles son los primeros y principales adoradores del Dios vivo! ¡Ellos fueron creados para adorar igual que nosotros! Posiblemente la narración más antigua en las Escrituras es el libro de Job. En la reprensión de Dios hacia Job, podemos echar un vistazo al pasado antiguo.

> ¿Dónde estabas tú cuando yo fundaba la tierra? Házmelo saber, si tienes inteligencia. ¿Quién ordenó sus medidas, si lo sabes? ¿O quién extendió sobre ella cordel? ¿Sobre qué están fundadas sus bases? ¿O quién puso su piedra angular cuando alababan todas las estrellas del alba, y se regocijaban todos los hijos de Dios?
> —Job 38:4–7

Los ángeles se regocijaron cuando Dios el Padre trajo a la realidad su creación. No fueron observadores silenciosos de las grandes obras del Padre; respondieron cantando y regocijándose mientras su grandioso poder se extendía al vasto universo.

¡Los ángeles son los primeros y principales adoradores del Dios vivo! ¡Ellos fueron creados para adorar igual que nosotros!

La Escrituras relatan con entusiasmo cómo los ángeles bendicen y alaban a Dios nuestro Padre: "Bendecid a Jehová, vosotros sus ángeles, poderosos en fortaleza, que ejecutáis su palabra, obedeciendo a la voz de su precepto" (Salmo 103:20).

Los ángeles vigilan las actividades de la vida de la iglesia. Primera de Timoteo 5:21 nos hace saber que ellos no operan cuando nosotros no hacemos lo que el Espíritu Santo nos ha encomendado: "Te encarezco delante de Dios y del Señor Jesucristo, y de sus ángeles escogidos, que guardes estas cosas sin prejuicios, no haciendo nada con parcialidad".

LA REUNIÓN DE LA IGLESIA EN LOS ÚLTIMOS TIEMPOS

A medida que nos dirigirnos hacia el fin de esta era, las manifestaciones angelicales serán más frecuentes. En Hebreos existe una imagen bíblica de las reuniones de la iglesia que la mayoría de nosotros se ha perdido. Estoy convencido de que describe la adoración poco tiempo antes de que Jesús venga por la iglesia al final. En nuestra adoración, la dimensión de gloria (los lugares celestiales) se abre paso y se entremezcla con nosotros. ¿Podría la escena descrita en hebreos 12 ser una imagen de la iglesia reunida en la tierra en lugar de en el cielo?

> Sino que os habéis acercado al monte de Sion, a la ciudad del Dios vivo, Jerusalén la celestial, a la compañía de muchos millares de ángeles, a la congregación de los primogénitos que están inscritos en los cielos, a Dios el Juez de todos, a los espíritus de los justos hechos perfectos, a

Jesús el Mediador del nuevo pacto, y a la sangre rociada que habla mejor que la de Abel.

—Hebreos 12:22–24

La verdadera adoración trae la "Jerusalén la celestial" a nuestras reuniones. Nos reunimos con una "compañía de muchos millares de ángeles".

Observe las siguientes verdades. Primero, la iglesia no temerá la manifestación de la presencia de Dios. Cuando usted lee el registro de Moisés en Éxodo 19, los israelitas esencialmente temían la presencia de Dios. Ellos habían visto sus poderosos juicios sobre Egipto, y el temor se apoderó de ellos. En la actualidad mucha gente teme la presencia poderosa y gloriosa de Dios.

Aconteció que al tercer día, cuando vino la mañana, vinieron truenos y relámpagos, y espesa nube sobre el monte y sonido de bocina muy fuerte; y se estremeció todo el pueblo que estaba en el campamento. Y Moisés sacó del campamento al pueblo para recibir a Dios; y se detuvieron al pie del monte. Todo el monte Sinaí humeaba, porque Jehová había descendido sobre él en fuego; y el humo subía como el humo de un horno, y todo el monte se estremecía en gran manera. El sonido de la bocina iba aumentando en extremo; Moisés hablaba, y Dios le respondía con voz tronante.

—Éxodo 19:16–19

Dios descendió, pero la gente no se acercaba. ¡Observe que esto sucedió al tercer día! Este acontecimiento fue celebrado en el Día de Pentecostés. Fue en este encuentro que recibieron la ley, pero se perdieron de la presencia de Dios. Ellos le dijeron a Moisés en pocas palabras: "¡No lo vuelvas a hacer!".

Mil cuatrocientos años después vino otro "tercer día". Como fue profetizado, al tercer día Jesús resucitó de la muerte. En el Día de Pentecostés, mil cuatrocientos años después, el poder de Dios sacudió la tierra de nuevo. Esta vez, fueron bienvenidas las manifestaciones del Espíritu por la iglesia primitiva. Lamentablemente muchas personas de la iglesia actual le temen a la presencia de Dios.

La verdadera adoración trae "Jerusalén la celestial" a nuestras reuniones. Nos reunimos con una "compañía de muchos millares de ángeles".

Revise nuevamente este pasaje de Hebreos y mire cómo es la reunión de la iglesia de los últimos días: "Sino que os habéis acercado al monte de Sion, a la ciudad del Dios vivo, Jerusalén la celestial, a la compañía de muchos millares de ángeles" (Hebreos 12:22). Se identifican siete puntos en Hebreos 12:22–27 que nos muestran cómo son las reuniones de la Iglesia de los últimos días. Estos son:

1. Los ángeles se unen a la iglesia del Reino para dar gloria a Dios.

2. Adoración intensificada: Fue en el Monte de Sion donde David colocó un coro y una orquesta durante treinta y tres años continuos, el mismo tiempo que Jesús vivió en la Tierra. Su alabanza se ofreció continuamente. Cuando la iglesia de los últimos días se reúne, la alabanza y la adoración suben al siguiente nivel.

3. Muchos millares de ángeles se unen a la adoración; de hecho, ¡habrán demasiados ángeles como para poder contarlos!

4. Adoración que lleva a otra dimensión y el cielo besa la iglesia: la separación entre el mundo espiritual y este mundo se desdibuja e irrumpe en la iglesia del Reino: "A la congregación de los primogénitos que están inscritos en los cielos, a Dios el Juez de todos, a los espíritus de los justos hechos perfectos" (Hebreos 12:23).

5. Dios hablando una palabra fresca acerca de los últimos días por medio de la ministración profética: La ayuda angelical soltará la palabra profética a la iglesia de los últimos días. La iglesia del Reino experimentará revelación directa del propiciatorio celestial. Los ángeles guardarán esa palabra y la soltarán a la iglesia: "Mirad que no desechéis al que habla. Porque si no escaparon aquellos que desecharon al que los amonestaba en la tierra, mucho menos

nosotros, si desecháremos al que amonesta desde los cielos" (Hebreos 12:25).

6. La iglesia es sacudida hasta sus cimientos para remover todo lo que no es necesario: "La voz del cual conmovió entonces la tierra, pero ahora ha prometido, diciendo: Aún una vez, y conmoveré no solamente la tierra, sino también el cielo. Y esta frase: Aún una vez, indica la remoción de las cosas movibles, como cosas hechas, para que queden las inconmovibles." (Hebreos 12:26–27).

7. La Iglesia recibe verdades del Reino y suelta el poder del Reino para evangelizar al mundo de los últimos días.

Observe que todo esto sucede con la presencia y la ayuda de "una compañía de muchos millares de ángeles". Comprenda esto: debemos esperar y recibir más contacto angelical en los últimos días. Ya ha comenzado una conmoción, y están ocurriendo visiones de ángeles en donde el Reino se está estableciendo.

Esto no debería sorprendernos porque a los ángeles siempre se les ve cerca del templo del Antiguo Testamento adorando continuamente. Ya que nuestro cuerpo es el templo del Espíritu Santo, nuestro corazón se convierte en el lugar santísimo cuando entramos en íntima adoración. Los ángeles tienden a adorar con pasión. Cuando nos reunimos como iglesia, debemos saber que estos seres gloriosos que son más antiguos que el tiempo, están reunidos con nosotros. ¡Todavía le dan a Dios toda su alabanza! Los que hacían los ángeles en el principio de los tiempos, lo siguen haciendo eones después al final de los tiempos. Ellos alaban a Dios el Padre y a su Hijo, el Señor Jesucristo. Juan describe una escena celestial en Apocalipsis 5, en la cual vio y escuchó la voz de muchos ángeles, de los seres vivientes y de los ancianos adorando alrededor del trono. En el versículo 11 indica que esta reunión multitudinaria era de "millones de millones". Ellos adoraban a gran voz.

Como John Paul Jackson describe en su libro *7 Days Behind the Veil* [7 días detrás del velo]: "La razón por la que los cielos continúan repitiendo 'Santo, santo, santo', no es solamente porque es lo único que hacen allá arriba, rasgando sus pequeñas arpas de oro. '¡Santo!' es el testimonio de lo que Dios ha hecho. Cada vez que Dios actúa, la acción es santa y los ángeles y todas las demás criaturas celestiales dan testimonio del acto santo y proclaman '¡Santo!'".[1]

Ya que nuestro cuerpo es el templo del Espíritu Santo, nuestro corazón se convierte en el lugar santísimo cuando entramos en íntima adoración. Los ángeles tienden a adorar con pasión.

Como aliados con los ángeles, no podemos permanecer callados al experimentar las poderosas obras de Dios. Nosotros también debemos proclamar sus alabanzas, porque Él es digno. ¡Si los ángeles, que no son receptores de la gracia redentora de Jesucristo, nunca dejan de alabar, cuánto más nosotros debemos apresurarnos a darle toda nuestra alabanza!

Capítulo Ocho

DESTINO—
LOS ÁNGELES
ENTRE las NACIONES

Aquí echamos un vistazo a la guerra invisible en la dimensión celestial. Una intensa guerra estalló en los lugares celestiales porque un hombre con un llamado profético oró y ayunó.

NUESTRO SEÑOR JESUCRISTO advirtió que en los últimos días habría "guerras y rumores de guerras". Asimismo animó a los creyentes a no temer. Él dijo: "Porque se levantará nación contra nación, y reino contra reino" (Mateo 24:6–7). Siempre habrá conflicto entre las naciones y reinos de la tierra. Escondida entre estas palabras de Jesús se encuentra la guerra entre las fuerzas de tinieblas de Satanás y los ejércitos angelicales de Jesús.

Al dirigirnos hacia el final de los tiempos, se escuchan sonidos de guerra en todo nuestro planeta. Las fuerzas de las tinieblas están tomando fuerzas de las religiones falsas y están siguiendo el liderazgo demoniaco hacia la conflagración final sobre la Tierra. ¡Todos los caminos llevan al valle debajo del monte Meguido, el lugar llamado Armagedón!

Los militantes islámicos están recibiendo visitas del lado de las tinieblas que les ordenan cometer actos de terrorismo, preparándose para un ataque supremo contra los judíos y la nación de Israel. Los Estados Unidos y sus aliados están en guerra en Medio Oriente ahora y están buscando estrategias para obstruir los propósitos de las tinieblas. Así de caóticos como son los conflictos en la Tierra, en lo alto de la atmósfera de nuestro planeta, se están desatando mayores guerras. Aquí, podemos y debemos confiar en nuestros aliados auténticos, los ángeles. Daniel revela el patrón de la operación angelical entre las naciones.

Las fuerzas de las tinieblas están tomando fuerzas de las religiones falsas y están siguiendo el liderazgo demoniaco hacia la conflagración final sobre la Tierra.

Satanás ha asignado un "principado" sobre cada nación, y bajo ese demonio, "huestes de maldad". La Escritura afirma que existen espíritus demoniacos malignos sobre los territorios. Daniel rompe el secreto de este hecho en su profecía que se encuentra en Daniel 10. Daniel había ayunado y estuvo afligido por la cautividad de Israel durante tres semanas. Durante ese tiempo de intensa concentración espiritual y privación física, Daniel recibió la visita de un ángel. Esta visión nos da una idea de cómo son los ángeles.

> Y el día veinticuatro del mes primero estaba yo a la orilla del gran río Hidekel. Y alcé mis ojos y miré, y he aquí un varón vestido de lino, y ceñidos sus lomos de oro de Ufaz. Su cuerpo era como de berilo, y su rostro parecía un relámpago, y sus ojos como antorchas de fuego, y sus brazos y sus pies como de color de bronce bruñido, y el sonido de sus palabras como el estruendo de una multitud.
>
> —DANIEL 10:4–6

Este ángel fuerte era más brillante que la luz, brillaba como piedras preciosas y resplandecía como bronce bruñido. Sus palabras eran tan majestuosas como una cascada. Daniel fue el único que vio la visión; sin embargo, a medida que esta majestuosa escena se desarrollaba, los hombres que estaban con él corrieron y se escondieron de terror. Ellos pudieron sentir la presencia sobrenatural. Daniel mismo fue derribado en el Espíritu y cayó rostro en tierra cuando el ángel habló. El poder de este encuentro sobrenatural lo dejó sin fuerzas en su carne. Nos dice: "He aquí una mano me tocó, e hizo que me pusiese sobre mis rodillas y sobre las palmas de mis manos" (Daniel 10:10).

Cuando el ángel tocó a Daniel, él recuperó la fuerza suficiente para ponerse a gatas, en una posición de reverencia, e inclinarse. Todo su cuerpo temblaba ese momento.

> Y me dijo: Daniel, varón muy amado, está atento a las palabras que te hablaré, y ponte de pie; porque a ti he sido enviado ahora. Mientras hablaba esto conmigo, me puse en pie temblando. Entonces me dijo: Daniel, no temas; porque desde el primer día que dispusiste tu corazón a atender y a humillarte en la presencia de tu Dios, fueron oídas tus palabras; y a causa de tus palabras yo he venido. Mas el príncipe del reino de Persia se me opuso durante veintiún días; pero he aquí Miguel, uno de los principales príncipes, vino para ayudarme, y quedé allí con los reyes de Persia. He venido para hacerte saber lo que ha de venir a tu pueblo en los postreros días; porque la visión es para esos días"
>
> —Daniel 10:11–14

Daniel permaneció temblando al recibir la palabra profética del ángel. A la mitad de esta profecía sobre "los postreros días", el ángel habló acerca de una guerra con un espíritu territorial llamado "el príncipe del reino de Persia". Este demonio era tan poderoso que el arcángel Miguel fue enviado por Dios para rescatar y llevar el mensaje.

Aquí tenemos una pista de la guerra invisible en la dimensión celestial. La guerra intensa estalló en los lugares celestiales porque un hombre con un llamado profético oró y ayunó. Sin embargo, esta oposición demoniaca resultó en el retraso de la respuesta a la oración de Daniel de tres semanas. ¡Observe también que la batalla en esta profecía se trataba de Israel en los postreros días! "He venido para hacerte saber lo que ha de venir a tu pueblo en los postreros días; porque la visión es para esos días" (Daniel 10:14).

Es un hecho que estamos siendo testigos de tal batalla. El mismo demonio de Persia está amenazando a Israel en la actualidad. Detrás de cada conflicto terrenal hay influencia demoniaca. También se menciona al "príncipe de Grecia" en este capítulo: "Él me dijo: ¿Sabes por qué he venido a ti? Pues ahora tengo que volver a pelear contra el príncipe de Persia; y al terminar con él, el príncipe de Grecia vendrá" (Daniel 10:20).

Esta no es una simple referencia al territorio de Grecia. El espíritu de Persia es la fuerza detrás del Islam hoy en día, y es un enemigo visible con el que pelean nuestros aliados angelicales. El príncipe de Grecia representa la filosofía griega que ha conquistado y gobierna el pensamiento occidental. El racionalismo que niega lo sobrenatural se ha apoderado de nuestro sistema educativo. Las iglesias que niegan el poder del Espíritu Santo se han inclinado ante este "príncipe de Grecia".

Detrás de cada conflicto terrenal hay influencia demoniaca.

Este enemigo doble está contra la iglesia llena del Espíritu Santo hoy en día. El príncipe de Grecia se inclina ante la mente del hombre mientras que el príncipe de Persia se inclina ante un dios demoniaco. ¿Puede ver que el conflicto mundial tiene operaciones clandestinas en curso en el plano espiritual? El príncipe o espíritu de Grecia (que se representa en la arquitectura de los edificios de gobierno de Washington D.C.) no puede vencer al espíritu pérsico. La iglesia debe levantarse para derribar estos espíritus.

EJEMPLOS DE LA INFLUENCIA ANGELICAL EN EL GOBIERNO

Existe una historia extraordinaria en el libro de Jueces, en la que un ángel va a Manoa durante una temporada de aflicción que atravesaba la nación de Israel. Dios había permitido que los filisteos esclavizaran a la nación porque habían hecho lo malo. El ángel fue para profetizar el nacimiento de Sansón. La esposa de Manoa había sido estéril. Este ángel reveló que su nombre era "admirable" (Jueces 13:18). "Admirable" viene de la palabra hebrea *pala*, que es obrero maravilloso u obrero milagroso. ¡Este ángel llamado "Admirable" anunció a Manoa y a su esposa estéril que tendrían un hijo llamado Sansón que liberaría a la nación del cautiverio de cuarenta años! En otra ocasión los ángeles profetizaron la muerte de Ocozías por medio de Elías. Fue una acción iniciada por los ángeles que cambiaría el sistema. El tercer capitán ruega misericordia, y Elías sin temor dicta veredicto de muerte al malvado rey (consulte 2 Reyes 1:1–17).

En el Nuevo Testamento un ángel apareció y tomó la vida del rey Herodes cuando intentó tomar la gloria de Dios para sí. Aquí de nuevo vemos caer a un líder nacional por mano de un ángel. En un capítulo posterior verá el aumento de las operaciones angelicales entre las naciones en el final de los tiempos. Los agentes angelicales operan clandestinamente entre las naciones de la tierra. En constante guerra con sus homólogos demoniacos, los ángeles afectan el destino de los gobiernos nacionales e internacionales.

Chuck Ripka, un banquero, empresario, secretario de mercado a nivel mundial y autor de *God Out of the Box* [Dios es impredecible], comparte una historia acerca de cuando él y los ministros de Elk River, Minnesota, recibieron ayuda de ángeles cuando se necesitaba cambiar el destino de su estado. Como embajador del Reino, Chuck recibió una palabra específica de Dios acerca de los planes que Él tenía para llevar un avivamiento a Minnesota. Sin embargo, había ataduras espirituales que necesitaban ser rotas en la legislatura del estado, así que Dios los envió justo a la fuente, al edificio del congreso local, para comenzar el trabajo por medio de la oración. Dice Chuck:

> Cuando estábamos listos para entrar en el edificio del congreso local, sentí una fuerte presencia demoniaca. Oré: "Señor, ¿podrías enviar ángeles guerreros al capitolio que vayan delante de nosotros?".
>
> De manera increíble, inmediatamente vi dos ángeles delante de mí, cada uno medía seis metros de altura. Uno tenía una espada y el otro tenía un gran martillo o mazo. Caminaron hacia el interior y tomaron a un demonio semejante al dios Pan de la mitología griega. Era mitad hombre y mitad animal. Los ángeles ataron las manos del demonio, lo colocaron

sobre un bloque de granito, y aplastaron su cráneo con el martillo.

Mientras aplastaban su cabeza, la mano del demonio se abrió. Una llave de oro cayó al suelo.

El Señor me dijo: "Mira, con esta llave, no se te cerrará ninguna puerta".

Entramos [...] [y] el Señor comenzó a revelarme lo que Él quería que se hiciera esa noche. "Mi corazón sufre porque ha habido una separación entre la Iglesia y el Estado —dijo Él—. Pero mi corazón sufre más porque ha habido una separación entre iglesias".[1]

En constante guerra con sus homólogos demoniacos, los ángeles afectan el destino de los gobiernos nacionales e internacionales.

Chuck y este grupo de ministros se dispusieron a orar y a arrepentirse por los pecados que el estado y sus constituyentes habían cometido entre grupos étnicos, jóvenes contra ancianos, entre otros. Había tal espíritu de amor y arrepentimiento en esta reunión todo porque Chuck activó su autoridad y llamó a los ángeles de Dios para pelear contra el enemigo y sus intentos por frustrar el mover de Dios en su estado. Chuck menciona que sus "oraciones y confesiones marcaron una diferencia [...] La atmósfera había cambiado. Había un nuevo espíritu de cooperación dentro de los muros del edificio del congreso local. Siguiendo la dirección de

Dios, pudimos ayudar a reconciliar iglesia y estado *e* iglesia con iglesia".[2]

Al entender cómo los ángeles interactúan con el gobierno en el mundo espiritual, la alianza de los creyentes con los ángeles se vuelve más importante. La adoración, la alabanza y el testimonio del creyente, pueden cambiar completamente la marea en la batalla nacional e internacional como lo demuestra la historia de Chuck. De no haber sido por aquellos ángeles guerreros que fueron enviados, él y su equipo de ministración hubieran tenido una gran oposición para llevar a cabo el plan de Dios para el avivamiento de Minnesota.

La adoración, la alabanza y el testimonio del creyente, pueden cambiar completamente la marea en la batalla nacional e internacional.

En muchos aspectos, la iglesia es vista como una colonia del Reino de los cielos. Nuestro papel es ser embajadores del Reino aquí en la Tierra. Aunque seamos fieles a nuestra nación y legado terrenales, debemos confesar que nuestra ciudadanía se encuentra en otro lugar (consulte Filipenses 3:20). Este concepto eleva las reuniones del pueblo de Dios a una importancia cósmica y eterna. Jesús nos enseñó a orar: "Venga tu reino [...] en la tierra" (Mateo 6:10). En alianza con el Dios trino, sus decretos y los santos ángeles, somos parte de una empresa que cambiará el destino.

Capítulo Nueve

PROTECCIÓN— LOS ÁNGELES en NUESTRA DEFENSA

Existe una diferencia entre ser invencible y tener inmunidad. Ser invencible significa que puede escapar de las trampas del enemigo. Inmunidad significa que mucho antes de que él llegue a su territorio, usted lo sabrá y saldrá del camino.

SALMOS 34:7 DICE: "El ángel de Jehová acampa alrededor de los que le temen, y los defiende". Y en Salmos 91:11 podemos leer: "Porque a sus ángeles mandará acerca de ti, que te guarden en todos tus caminos".

Los ángeles de Dios guardan y rescatan a todo aquel que lo adora. La verdad de este versículo se mostró en la vida de Bill Bright, director de Cruzada Estudiantil y Profesional para Cristo, hace algunos años. Sus viajes lo llevaron cada año de continente en continente. Viajó en todo tipo de circunstancias y a menudo se enfrentaba al peligro; pero dice que siempre había paz en su corazón porque el Señor estaba con él. Sabía que estaba rodeado por sus ángeles guardianes para protegerlo.

En Pakistán, durante un tiempo de agitación política, había concluido una serie de reuniones en Lahore, y fue llevado a la estación de tren. Sin saber lo que estaba sucediendo, una multitud furiosa de cientos se dirigía hacia la estación para destruirla con un cóctel de bombas.

El director de las vías apresuró a todos a entrar en el tren, colocó a cada uno en su compartimento, y les ordenó no abrir las puertas bajo ninguna circunstancia. El viaje a Karachi requeriría más de veinticuatro horas, el tiempo que Bill Bright necesitaba para reescribir su libro *Come Help Change the World* [Ven, ayuda a cambiar el mundo].

Dios envía a sus ángeles guardianes para guardar y rescatar a aquellos que lo adoran.

Bright narra que se puso su pijama, se recostó en la cama y comenzó a leer y a escribir. Cuando el tren llegó a Karachi veintiocho horas después, se dio cuenta de cómo los ángeles guardianes los habían guardado y protegido a todos. El tren anterior al de ellos fue quemado ya que la multitud de estudiantes se recostaron sobre la vía y se negaron a moverse, entonces el tren pasó sobre ellos. Como respuesta, la turba quemó el tren y asesinó a los oficiales.

Bill Bright venía en el siguiente tren, y la turba estaba preparada para hacerle lo mismo a ese tren. De manera milagrosa, Dios fue delante del tren y sus pasajeros y no hubo contratiempos. Llegaron a Karachi y descubrieron que se había declarado ley marcial y todo estaba en paz. Una camioneta de la Cruz Roja los llevó al hotel, y ahí Dios continuó protegiéndolos. Cuando la violencia comenzó a calmarse, Bill Bright pudo tomar un avión a Europa. La Escritura es verdad; Dios sí envía a sus ángeles guardianes para guardar y rescatar a aquellos que le temen.[1]

Existen ángeles que desean soltar los beneficios del Señor sobre nosotros. Los ángeles no son los que conceden los dones y la protección de Dios, pero desean que nos unamos al Señor al estar en su presencia, en el lugar secreto del Altísimo. Los ángeles adoran en la presencia de Dios, y ahí es donde encontramos su favor.

En los tiempos bíblicos, los hombres devotos judíos que adoraban en el templo, vestían un manto llamado *tallit* o chal de oración. Este chal era una cubierta privada para los intercesores, un escudo que simbolizaba que estaban teniendo un tiempo de intimidad con Dios. El tallit todavía se usa en la actualidad.

Así es nuestro lugar secreto, una cubierta. El rey David escribió: "El que habita al abrigo del Altísimo morará bajo la sombra del Omnipotente" (Salmos 91:1). Todos debemos "habitar" al abrigo del Altísimo. La palabra *habitar* significa "tardar toda la noche". Habla de la intimidad de un esposo y su esposa que tardan toda la noche amándose. Cuando habitamos en la presencia de Dios, la gloria divina nos cubre, nos ama y nos sostiene con protección.

Habiendo entrado en esta relación cercana con Jesús por fe, venimos a ser beneficiarios del favor divino y gozamos de la protección de los ángeles.

UN LUGAR DE PROTECCIÓN

Al igual que un aguilucho en el nido de su madre, usted está seguro en su presencia. "Con sus plumas te cubrirá, y debajo de sus alas estarás seguro; escudo y adarga es su verdad. No temerás el terror nocturno" (Salmos 91:4–5).

Habiendo entrado en esta relación cercana con Jesús por fe, venimos a ser beneficiarios del favor divino y gozamos de la protección de los ángeles.

En la actualidad muchos tienen grandes problemas con los terrores nocturnos, niños y adultos por igual. Los temores a la oscuridad permanecen en algunos jóvenes hasta la edad adulta. Los acosadores nocturnos sigilosos del infierno no tienen derecho cuando usted está en ese lugar de protección. Ningún arma del maligno puede penetrar el escudo de fe y confianza que vigila la entrada del lugar secreto. En su presencia huyen los viejos temores. Mientras que otros se convierten en víctimas del enemigo, usted estará a salvo por su relación cercana con Dios.

Hace algunos años, un hombre demente se me acercó después de un servicio de avivamiento en otra ciudad. Él estaba a punto de golpearme en el estacionamiento cuando Eddie Addams, mi asistente, tomó el brazo del hombre. Con su otra mano, Eddie me empujó hacia el coche y enfrentó por mí a mi atacante. Esa noche, Eddie permaneció entre mi agresor y yo. ¡Literalmente fue mi escudo!

Si habitamos en este lugar de protección, entonces tenemos a Jesús y a sus ejércitos angelicales presentes para defendernos y ser nuestro escudo y protección. Lea usted mismo el relato de Mary Beth Barnes.

> Me estaba preparando para llevar a cabo los Siete Pasos de Fe, un ministerio de liberación y consejería, y me encontraba bastante asustada del enemigo. Él enemigo me decía que no iba a dejarme sola, y tampoco me iba permitir ser libre. Supe que debía acercarme a Dios y entregarle mis temores, de otra manera no podría ser libre del poder que Satanás ejercía sobre mí. Al comenzar a orar y a decirle a Dios acerca del temor que sentía en mi interior, de verdad entré en su presencia. Este es el pasaje que el Espíritu Santo me dio: "Porque has puesto a Jehová, que es mi esperanza, al Altísimo por tu habitación, no te sobrevendrá mal, ni plaga tocará tu morada. Pues a sus ángeles mandará acerca de ti, que te guarden en todos tus caminos" (Salmo 91:9–11).

Tan pronto como el Espíritu Santo me dio esta escritura, vi lo que parecía ser una "masa" negra salir por las ventanas y por cada acceso de mi casa; después pasó por mi jardín frontal y cruzó hacia el otro lado de la calle. Una vez del otro lado, tomó la forma de "sombras" humanas, varias figuras oscuras.

Al continuar mirando las figuras oscuras, de pronto vi enormes figuras vestidas de blanco paradas a casi dos metros alrededor del borde de mi propiedad. Al parecer medían por lo menos tres metros, de complexión robusta y sostenían en sus manos espadas enormes de fuego. Se encontraban cuadrados y su concentración estaba en vigilar mi casa y nada más.

Las sombras negras quisieron pasar entre cada ángel, pero solamente pudieron llegar a la altura de los ángeles. Parecía como si golpearan un pedazo de acrílico. Ellos no tenían absolutamente ningún poder contra la autoridad que tenían los ángeles. Estos ángeles no pelearon con ellos, tampoco batallaron con las sombras negras; ellos simplemente montaban guardia con las espadas de fuego alrededor de mi "morada".

Una nota final: el Señor me ha "guardado en todos mis caminos" y me ha llevado a vivir una vida libre y sin temor por el poder de su Espíritu Santo.

Existe un lugar donde ni el diablo ni la enfermedad pueden interrumpir nuestro caminar o destruir nuestro testimonio de Jesús. ¡Mire, continuamos por su fuerza! ¡De hecho podemos llevar Su morada con nosotros! Los ángeles vigilan cada paso que damos.

Ningún arma del enemigo puede penetrar el escudo de fe y confianza que guarda la entrada al lugar secreto.

Aquí tenemos otra historia que compartió un varón llamado Al acerca de cómo de pequeño fue salvado de una muerte certera por un ángel. Nació a las 4:02 a.m. en Jersey City, Nueva Jersey. Su madre y su padre iban de camino al hospital cuando otro coche los golpeó de frente.

A su padre se le fracturaron las dos piernas y su madre estaba más grave. Ella tuvo heridas tan severas de la cintura hacia abajo y del esternón hacia arriba que le dieron la extremaunción en el lugar del accidente. Sobrevivió de manera milagrosa, pero permaneció diecisiete meses en el hospital. La abuela de Al lo cuidó durante todo ese tiempo.

Exactamente un año después, Al dormía en casa de su abuela. Era una hermosa noche de otoño, las ventanas estaban abiertas y su abuela tenía una veladora en un tocador.

El viento sopló lo suficiente como para mover las cortinas hacia la flama de la vela. La casa se incendió y su habitación se envolvió en llamas. El bombero que finalmente rescató al bebé Al no podía creer lo que había visto (según dijo el bombero después del accidente y en conversaciones años después). Cuando entró en la habitación atravesando el humo y el calor, dos ángeles altos estaban agachados sobre la cama del bebé. Dijo que se quedó congelado un momento y de pronto, un gran ángel con una trompeta alrededor de su cuerpo levantó a Al y se lo entregó al bombero. El bebé Al no tenía un solo rasguño ni daño alguno en los pulmones por haber inhalado humo. Tanto su nacimiento como haber escapado del fuego fueron llamados milagros de Dios por parte de los periódicos y las estaciones de televisión locales. Por lo tanto, Al es una prueba viviente de que los ángeles existen y acuden al auxilio de un niño.[2]

Quien estuvo orando por el bebé Al para que estuviera protegido durante la confusión que rodeó su nacimiento y su infancia seguramente conocía el corazón de Dios por los niños y que los niños tienen ángeles asignados para ayudarlos y protegerlos. Mateo 18:10 dice: "Mirad que no menospreciéis a uno de estos pequeños; porque os digo que sus ángeles en los cielos ven siempre el rostro de mi Padre que está en los cielos". Este versículo muestra que los ángeles son asignados a los niños en el nacimiento, y aún así guardan y esperan las órdenes de Dios para ayudarlos. Los padres y los líderes, como aquellos en la vida de Al, tienen autoridad para invocar la protección angelical sobre los niños y sobre otros. Pero existe un orden en el que operan los ángeles y en el que podemos obtener la máxima protección angelical.

EL PROTOCOLO ANGELICAL

Los ángeles operan, como ya lo vimos, bajo un protocolo divino. Ellos son criaturas de orden y disciplina. Por lo general, deseamos saltarnos un paso y obtener nuestro milagro o avance instantáneamente. Pero existen tres niveles importantes que debemos escalar antes de que Dios suelte su aumento. Salmos 91 da el protocolo para el aumento.

Los padres y los líderes tienen autoridad para invocar la protección angelical sobre los niños y sobre otros.

1. Intimidad – avanzar hacia terrenos más seguros

La primera clave para obtener la victoria es la intimidad con Dios: "El que habita al abrigo del Altísimo morará bajo la sombra del omnipotente. Diré yo a Jehová: Esperanza mía, y castillo mío; mi Dios, quien confiaré" (Salmos 91:1–2).

Si quiere evitar al enemigo, usted debe tener una relación íntima con Jesucristo. De igual manera, si desea obedecer los mandamientos de Cristo, usted debe permanecer en Él. Solamente en los primeros dos versículos de Salmos 91, encontramos cuatro nombres diferentes de Dios. Nuestro Hacedor desea que conozcamos su nombre para conocer su carácter.

¿Cómo entrar a la presencia de Dios y morar ahí? Aquí tenemos la puerta de oro hacia la presencia de Dios: "Diré yo a Jehová: Esperanza mía, y castillo mío; mi Dios, en quien confiaré" (Salmos 91:2).

¡Lo ve, Dios habita en la alabanza! Cuando comenzamos a confesar audiblemente con nuestra boca su Palabra, cuando ensalzamos su fuerza y poder, descubrimos el lugar de intimidad con Él. Usted se mueve en lo que David el salmista llamó el lugar secreto del Altísimo, una puerta abierta a su presencia.

¡Cuando lee Salmos 91:1–2, sabe que Dios desea nuestro amor! Todo fluye de Dios cuando tenemos un amor apasionado por Él.

2. Invencibilidad – la primera línea de defensa

Este salmo lo lleva de la intimidad hacia un nuevo nivel de protección que creo es provisto por los ángeles.

> Él te librará del lazo del cazador, de la peste destructora. Con sus plumas te cubrirá, y debajo de sus alas estarás seguro; escudo y adarga es su verdad. No temerás el terror nocturno, ni saeta que vuele de día, ni pestilencia que ande en la oscuridad, ni mortandad que en medio del día destruya. Caerán a tu lado mil, y diez mil a tu diestra; mas a ti no llegará. Ciertamente con tus ojos mirarás y verás la recompensa de los impíos.
>
> —Salmos 91:3–8

Una vez que logra completa intimidad con Dios, usted está en camino a ser invencible. Salmos 91 nos dice que en la seguridad de la sombra de su presencia escaparemos de muchas trampas del enemigo y que Dios nos "librará del lazo del cazador" (versículo 3). En los tiempos bíblicos, se utilizaba una trampa que contenía un señuelo o cebo para atrapar aves o animales. El diablo le pone trampas peligrosas a los creyentes, pero aquellos que caminan, conversan y hablan de quien es Jesús, serán liberados de estas trampas, incluso de las trampas del engaño, la duda, la oscuridad, las fuerzas demoniacas, la enfermedad, el desastre y la derrota.

Si usted escucha a Dios y camina con Él diariamente, no significa que no sucederán desastres. No significa que no vendrá enfermedad; simplemente significa que tales cosas no pueden desviarlo de Cristo. Aquí hay una garantía de victoria. ¡Sus ojos verán cómo Dios lo hará cruzar en medio de los campos de guerra de la vida en completa victoria!

Permítame compartir con usted la historia de una noticia que el programa *FOX and Friends* reportó en la Navidad de 2008. Los ángeles y la Navidad parecen ir de la mano. Durante la semana de Navidad de 2008, Chelsea estuvo a punto de morir de neumonía. La niña de catorce años estaba a punto de ser desconectada, cuando la Dra. Teresa Sunderland vio la imagen de un ángel en la puerta de la unidad de terapia intensiva de pediatría. La cámara de seguridad grabó la brillante imagen blanca. No podía ser una rara luz ya que no hay ventanas en esa parte del edificio. La Dra. Ophelia Garmon-Brown del hospital lo declara como un milagro navideño. Por cierto, Chelsea se recuperó inmediatamente y regresó a casa para Navidad.[3] Los ángeles ayudan en la sanidad.

> *El diablo le pone trampas peligrosas a
> los creyentes, pero aquellos que caminan,
> conversan y hablan de quien es Jesús,
> serán liberados de estas trampas, incluso
> de las trampas del engaño, la duda, la
> oscuridad, las fuerzas demoniacas, la
> enfermedad, el desastre y la derrota.*

3. Inmunidad – el nivel más profundo de protección

Existe una diferencia entre ser invencible y tener inmunidad. Ser invencible significa que puede escapar de las trampas del enemigo. Inmunidad significa que mucho antes de que él llegue a su territorio, usted lo sabrá y saldrá del camino. Inmunidad significa que en lugar de tener que pelear, existe un lugar donde las fuerzas demoniacas no pueden entrar. Dios da tiempos de descanso después de la lucha. Observe de nuevo que la clave es la intimidad. Todo comienza con adoración íntima. El salmista se refiere a hacer del Señor nuestra morada: "Porque has puesto a Jehová, que es mi esperanza, al Altísimo por tu habitación" (Salmo 91:9).

En el periodo de inmunidad cuatro cosas suceden.

1. *¡Dejan de suceder accidentes!* "No te sobrevendrá mal" (versículo 10). De pronto dejan de reventarse los neumáticos, los aparatos eléctricos no se rompen, las caídas que rompen huesos dejan de suceder y los coches no chocan

contra el suyo. Se encuentra en un periodo de inmunidad.

2. *¡La enfermedad deja de extenderse!* "Ni plaga tocará tu morada" (versículo 10) ¿Le gustaría pasar por el invierno sin que los resfriados o la influenza provoquen estragos en su familia?

3. *¡Los ángeles comienzan a ayudar!* Los ángeles operan de manera más efectiva cuando usted tiene intimidad con el Señor Jesús. ¡Su casa es protegida cuando usted ha hecho de Él su morada! ¡Los ángeles incluso lo ayudarán a no tropezarse con piedras! "En las manos te llevarán, para que tu pie no tropiece en piedra" (versículo 12).

4. *¡Los demonios comienzan a perder!* ¡Lo que alguna vez estuvo sobre su cabeza, ahora está aplastado bajo sus pies! "Sobre el león y el áspid pisarás; hollarás al cachorro del león y al dragón" (versículo 13). Los ángeles lo alertan y lo protegen de lo que el enemigo puede traer en su contra. En muchos aspectos, es como una advertencia antes de un tsunami.

Se han gastado millones de dólares para colocar sistemas de alerta de maremotos en el Océano Índico después de la devastación que ocurrió en diciembre de 2004. Estos nuevos aparatos son tan ultrasensibles que envían una señal en una fracción de segundo a un satélite si el océano se levanta por menos de treinta centímetros, y alertan a los países afectados momentos después de detectarlo. ¡Esto nos recuerda del poder de la conexión con Dios, ya que su sistema de alerta nos avisa e informa mucho antes de que el diablo pueda entorpecer nuestro camino! ¡Sus agentes de alerta son los ángeles!

Dios lo ha hecho importante y
especial porque usted lo ama.

En la histórica casa de Juan Wesley, el gran metodista, hay una muy pequeña habitación en el piso de arriba. Este espacio era un oratorio que él utilizaba diariamente a las 4:30 a.m. No es de sorprenderse que tantos himnos, tanto ministerio y tanta unción fluyeran de Wesley. ¡Él tenía una cita con Dios a las 4:30 de cada mañana! Como resultado, la promesa de Salmos 91:9–10 era suya.

La promesa de Dios es "le pondré en alto" porque usted "ha puesto su amor" en Él. ¡Ser puesto en alto indica honor, ser hecho excelente, ser mostrado y proclamado como especial! Dios lo ha hecho importante y especial porque usted lo ama.

Salmos 91:14–15 muestra claramente las promesas para aquellos que habitan en su presencia, aman su nombre y no desean otra cosa más que a Él.

- *Lo libraré.* ¡Esto significa que el enemigo nunca lo llevará a la prisión espiritual del pecado!
- *Lo pondré en alto.* Dios cuidará su reputación. Permita que el ascenso venga de Dios.
- *Me invocará, y yo le responderé.* Dios siempre responderá sus oraciones.

- *Con él estaré yo en la angustia.* ¡Esta promesa le asegura que nunca se enfrentará a nada solo! En Mateo 28:20 Jesús dijo: "Y he aquí yo estoy con vosotros todos los días, hasta el fin del mundo".
- *Le glorificaré.* Los únicos aplausos que importan de verdad son los del cielo. Su "bien hecho" es suficiente.
- *Lo saciaré de larga vida.* ¡Dios extenderá sus días para que viva satisfecho, lleno y rebosando de vida, y deje esta vida con intensa energía hasta la meta!
- *Le mostraré mi salvación.* ¡La palabra "salvación" en este pasaje es *Yeshúa*, que en hebreo es Jesús! Por lo tanto, la mejor promesa se guardó para el final, ¡Dios le mostrará a Jesús! Para ver que Jesús es el principio y el fin de todo.

ESE NOMBRE TIENE ALGO ESPECIAL

¡El nombre de Jesús tiene algo especial! Su nombre es poder, y entre los aspectos de su protección, los creyentes pueden conocer el lugar secreto donde hay unción, seguridad y bendición, ¡una torre de fortaleza que nos aleja del enemigo! Nuestro planeta se ha convertido en "los campos de la muerte" del infierno, y aun así podemos vivir, algunas veces, inmunes a estas plagas.

Existe una gran importancia en conocer el nombre de Dios. Aquí "conocer" quiere decir mucho más que conocimiento mental; se refiere a la intimidad más cercana posible. Conocer el nombre de Dios es ser completamente quebrantado, haber aprendido todos los secretos y matices de Su carácter. ¡El nombre de Jesús abarca mucho! Mire algunos de los nombres de Dios:

- Yahweh – el Gran Yo soy
- Jireh – mi Proveedor
- Tsidkenu – mi Justicia
- Rophe – mi Sanador
- Rohi – mi Pastor
- Nissi – mi Estandarte y Amante
- Shalom – mi Paz
- Shammah – mi Compañero

Sí, Él es también nuestro Cristo, el Ungido y el Mesías del mundo. ¡Él es maravilloso! ¡Él es nuestro Señor! ¡Él fue antes del principio y después del final! ¡Él es la incesante canción de David resonando a través del tiempo y de toda la creación! Él es la estrella brillante que nunca se apagará. ¡Los ángeles se mueven a favor de los que conocen los nombres de Dios!

Cristo Jesús es Aquel con quien nos encontramos en ese lugar secreto. Es su mano perforada la que nos levanta y su rostro brillante el que nos da la bienvenida. ¡Ahí susurraremos el nombre de Jesús y nos encontraremos morando en el Todopoderoso, asombrados con la promesa y la bendición de su presencia! Y ahí nos cubrirán los ángeles.

Capítulo Diez

DIRECCIÓN—
LOS ÁNGELES
AL FRENTE

Los intermediarios angelicales a menudo son
utilizados por Dios para llevar a su pueblo de
un lugar a otro. Algunas veces ellos simplemente
dirigen y el creyente debe, por fe, obedecer.

LOS ÁNGELES DIRIGEN y protegen milagrosamente
al pueblo de Dios. Escuche la grabación de Jacob
Lepard sobre la dirección angelical dada al grupo de
una iglesia mientras estaban en una misión en Brasil.

En junio de 2005, el verano anterior a mi último año de preparatoria, un grupo de trece estudiantes de nuestra iglesia, dos padres acompañantes y nuestro pastor de jóvenes tuvimos la oportunidad de ir en un viaje de misiones a Castanhal al norte de Brasil. Debíamos estar diez días y pasar la mayor parte del tiempo en la ciudad trabajando y viviendo con un pastor local y su familia. El resto del tiempo viajaríamos al río Moju, que es una vertiente del Amazonas, para ayudar a su ministerio de establecimiento de iglesias. Después de estar en Castanhal durante aproximadamente cinco días, empacamos nuestras cosas y abordamos un autobús que nos llevó fuera de la ciudad a un muelle cerca de la carretera, en donde tomamos el barco que nos llevaría al río. Nos dijeron que la zona donde tomamos el barco era muy peligrosa, ya que habían sucedido varios robos recientemente. Sin embargo, como con casi todas las amenazas de Brasil, solamente era peligroso de noche, así que en esa ocasión estuvimos a salvo.

Nuestros planes para el segundo día en el río eran comenzar a caminar temprano en la tarde hasta la noche varios kilómetros de selva hacia una aldea donde el misionero iba a hablar en la iglesia de la aldea. El barco debía dejarnos en la terminal y nosotros seguiríamos a pie a lo largo del río para abordar una camioneta que transportaría al misionero, al pastor y a sus familias a la aldea. El plan era que todos subiéramos a la camioneta y regresáramos a nuestro barco por carretera después del servicio de la iglesia, pero recibimos una sorpresa. Comenzamos a caminar con un poco de ansiedad, ya que nos habían contado muchas historias acerca de la fauna y flora locales, pero nos tranquilizaban diciendo que ningún animal agresivo salía hasta el anochecer: mucho tiempo después de la hora en la que llegaríamos a la aldea. Al seguir la excursión, nuestra ansiedad se convirtió en un deseo extremo por evitar contraer un parásito de la selva ya que nuestro sendero pasó de ser tierra compactada a una serie de tablas podridas suspendidas sobre una ciénaga. No necesito decir que estuvimos mucho más tiempo en el lodo que en el camino de veinte centímetros de ancho. Esto sucedió por dos razones: (1) No escuché a mi mamá cuando me dijo que tener una buena formación como gimnasta me ayudaría más tarde, y (2) las tablas podridas tenían la tendencia de doblarse o romperse bajo el peso de un estadounidense sano. A pesar de ello, justo al atardecer, después de caminar aproximadamente dos horas y media, salimos de la selva enlodados y cansados, pero llenos de una sensación de logro y de respeto por la gente que hacía ese viaje a diario.

Poco después de llegar a la aldea, recibimos la noticia de que el misionero, el pastor y sus familias no habían llegado como se esperaba, y que nadie sabía cuándo llegarían en la camioneta. No sabríamos sino hasta mucho más tarde esa noche que ellos habían llegado tarde a encontrar la camioneta y que como resultado, el conductor, desesperado, simplemente se había ido. Como consecuencia, en el momento exacto en que llegamos a la aldea, ellos iban subiéndose a un camión de cerveza al que le habían hecho autostop con un conductor que nunca dijo palabra, sino se limitó a sonreír y ayudar cuando era absolutamente necesario.

Al recordar esa noche, entiendo por qué hubo tanta guerra espiritual en nuestra contra. Hay muchos detalles que puedo compartir acerca de la reunión, pero lo que más me conmovió fue lo poderoso que se movió Dios y cómo lo hizo de forma imprevista. La iglesia era un pequeño edificio de 9 x 9 metros, iluminado con un solo foco conectado a una batería de coche, y todos los creyentes de las zonas aledañas, probablemente doscientos en total, estaban embutidos ahí.

En ausencia del misionero esperado, nuestro pastor de jóvenes se levantó y habló con ayuda de un traductor de lo que sentía en su corazón; básicamente acerca de la verdad de la cruz y de la realidad de la gracia. Al final del breve mensaje, varias personas recibieron la salvación, después de lo cual, casi todos fueron al frente a pedir oración por sanidad. Esta última parte nos sorprendió a todos. Puedo asegurar que Dios estaba presente y que estaba cumpliendo sus promesas y sanando a su pueblo cuando no había médicos a cientos de kilómetros a la redonda. Estoy sorprendido por lo que Él hizo y por la manera en la que se movió durante el servicio. En retrospectiva, sé que esta fue la razón por la que debíamos estar ahí y la razón por la que estábamos bajo un ataque tan fuerte del enemigo.

El servicio terminó mucho después de la hora en que debíamos irnos, y los otros pudieron alcanzarnos finalmente para informarnos que no había camioneta y que debíamos caminar de regreso a través de la selva. Todo el tiempo había permanecido en nuestra mente la posibilidad de tener que regresar caminando, sabiendo muy bien que las pocas posibilidades que tuvimos de permanecer fuera del lodo durante el día se reducirían bastante en la oscuridad, sin mencionar el miedo de encontrarnos con serpientes grandes. Pero ya que no teníamos otra opción confiamos en que Dios nos ayudaría. Comenzamos a citar el Salmo 91 y a caminar de regreso hacia el sendero. Probablemente a no más de quince metros del inicio del sendero, escuchamos a alguien gritar que nos detuviéramos y fuéramos por el otro camino, que ahí había alguien esperándonos. Sin entender completamente, caminamos unos cuatrocientos metros hacia una carretera desierta, donde encontramos un autobús citadino con aire acondicionado esperando con el motor en marcha. Dios había creado una salida, que era sin lugar a dudas obra suya.

Subimos al autobús y encontramos al conductor sentado atrás. Cuando le preguntamos por qué estaba ahí, su única respuesta es que le habían dicho que esperara allí hasta que la gente llegara, y no dio más explicación que esa. Nos llevó en silencio de vuelta al puerto, donde inicialmente habíamos abordado el día anterior. Ahí esperaríamos en el barco para recibir noticias de dónde estábamos y viajar río abajo para que nos recogieran. Nos sentamos juntos en círculo, esperando junto al río y viendo las nubes juntándose arriba, lo cual indicaba el inicio de la temporada de lluvias del Amazonas. Todo el tiempo que estuvimos en la oscuridad, el conductor del autobús permaneció solo fuera de nuestro círculo, y en muchos sentidos parecía estar montando guardia. Como dije, nos habían dicho que el lugar era muy peligroso de noche.

Pero ya que no teníamos otra opción confiamos en que Dios nos ayudaría.

Después de una espera relativamente corta llegó el barco, y justo cuando la última persona entró al abrigo del barco, una tormenta golpeó como un maremoto. Miré hacia la ribera y vi al autobús regresar al camino. No tuve oportunidad de decirle algo al callado conductor toda la noche, pero he pensado mucho en él desde entonces. Para ser honesto, no sé si él y el conductor del camión de cerveza eran hombres o ángeles, y doy por hecho que hubo oposición invisible al mover de Dios esa noche en la selva. A pesar de eso, nuestro Dios estaba presente poderosamente y fue fiel en cumplir su Palabra a los creyentes y, además, fue glorificado. Esto me dice que también había aliados invisibles, y en dos posibles casos, algunos que tomaron forma física.

La verdad es que nadie sabe quién envío el autobús, quién pagó por él o por qué estaba ahí. ¿Los ángeles dirigieron el autobús hacia ellos? ¿El conductor era un ángel? Sé que nuestros trece jóvenes fueron protegidos y sacados a salvo por ángeles en la selva amazónica.

Los intermediarios angelicales a menudo son utilizados por Dios para llevar a su pueblo de un lugar a otro. Algunas veces ellos simplemente dirigen y el creyente debe, por fe, obedecer. Un evento tal sucedió en la vida de Pablo cuando hizo su último viaje a Roma. De manera extraña, el ángel no pudo detener el naufragio porque los marineros ya habían violado las leyes de navegación durante esa temporada. A pesar de la advertencia de Pablo de que ese viaje terminaría en desastre con la pérdida del cargamento, el barco y sus vidas, el capitán zarpó. Pablo ayunó y oró. Pronto los vientos se alzaron, el barco fue golpeado y cuando se acercó el inminente desastre, Pablo dijo:

> Habría sido por cierto conveniente, oh varones, haberme oído, y no zarpar de Creta sólo para

recibir este prejuicio y pérdida. Pero ahora os exhorto a tener buen ánimo, pues no habrá ninguna pérdida de vida entre vosotros, sino solamente de la nave. Porque esta noche ha estado conmigo el ángel del Dios de quien soy y a quien sirvo, diciendo: Pablo, no temas; es necesario que comparezcas ante César; y he aquí, Dios te ha concedido todos los que navegan contigo.

—Hechos 27:21–24

Debido al ayuno y oración de Pablo, un ángel vino y le dio a Pablo la vida de todos los que iban a bordo. Aun cuando tomemos malas decisiones, los ángeles traerán sabiduría para librarnos. Quizá usted sea el beneficiario de los ángeles que cuidan a quien usted ha llevado al desastre. ¡Por otro lado, si está en medio de una tormenta que no provocó usted mismo, clame a Dios! Él enviará a sus ángeles para dirigirlo.

Otro ejemplo importante es Lot, quien junto con su familia fue advertido de un juicio inminente. Es interesante observar la ministración de estos ángeles hacia Lot. En primer lugar, eran visibles: "Llegaron, pues, los dos ángeles a Sodoma a la caída de la tarde; y Lot estaba sentado a la puerta de Sodoma. Y viéndolos Lot, se levantó a recibirlos, y se inclinó hacia el suelo" (Génesis 19:1).

¡Si está en medio de una tormenta que no provocó usted mismo, clame a Dios! Él enviará a sus ángeles para dirigirlo.

La mayoría de nosotros nunca hemos visto ángeles con nuestros ojos físicos; sin embargo, las Escrituras están llenas de manifestaciones angelicales. En el caso de Lot, no solamente los vio, sino que también se acercó a ellos. Y si este encuentro no fue lo suficientemente espectacular, Lot de hecho los invitó a su casa y ofreció lavarles los pies: "Y dijo: Ahora, mis señores, os ruego que vengáis a casa de vuestro siervo y os hospedéis, y lavaréis vuestros pies; y por la mañana os levantaréis, y seguiréis vuestro camino. Y ellos respondieron: No, que en la calle quedaremos esta noche" (versículo 2).

Los ángeles no permitieron que Lot les lavara los pies, pero ellos comieron el banquete que les preparó: "Mas él porfió con ellos mucho, y fueron con él, y entraron a su casa; y les hizo banquete, y coció panes sin levadura, y comieron" (versículo 3).

Ellos eran físicamente atractivos y parecían hombres.

> Pero antes que se acostasen, rodearon la casa los hombres de la ciudad, los varones de Sodoma, todo el pueblo junto, desde el más joven hasta el más viejo. Y llamaron a Lot, y le dijeron: ¿Dónde están los varones que vinieron a ti esta noche? Sácalos, para que los conozcamos.
> —GÉNESIS 19:4–5

Sodoma era una sociedad corrupta e inmoral. Estos ángeles no solamente eran visibles, sino que también eran atractivos para los hombres perdidos de esa ciudad. Ellos no respetaron el estado santo de estos seres espirituales. De hecho, ellos los codiciaron. Estos ángeles también tenían poder sobrenatural: "Y a los hombres que estaban en la puerta de la casa hirieron con ceguera desde el menor hasta el mayor, de manera que se fatigaban buscando la puerta [...] Porque vamos a destruir este lugar, por cuanto el clamor contra ellos ha subido de punto delante de Jehová; por tanto, Jehová nos ha enviado para destruirlo" (versículos 11 y 13).

Estos ángeles estaban ahí para traer juicio sobre la ciudad. Sin embargo, se encontraban sujetos a las necesidades de Lot; ellos sirvieron a Lot: "Date prisa, escápate allá; porque nada podré hacer hasta que hayas llegado allí. Por eso fue llamado el nombre de la ciudad, Zoar" (versículo 22).

En mi propia vida he recibido dirección de parte de ángeles. En 1978, estaba en el décimo octavo día ministrando en la aldea Mingading, en la isla de Mindanao, Filipinas, cuando de pronto durante el servicio un terremoto hizo que toda la concurrencia saliera del edificio. Más tarde esa noche, pude escuchar un disparo, y a media noche me despertó una persona que hablaba inglés. Era evidente que mi intérprete había escapado con todas sus pertenencias, y los soldados asignados para protegerme no estaban. El que me despertó me dijo: "Junta todas tus cosas y prepárate para irte". Mientras empacaba mis pertenencias, este extraño desapareció. Cuando salí de la choza de bambú, vi faros en lo alto de la montaña. Para mi alivio, era un todoterreno con una misionera americana. La misma "persona anglófona" le había ordenado en medio de la noche que se fuera de M'lang y viniera a Mingading para ayudar a alguien en necesidad. Me fui con ella hacia el Conjunto Misionero Bautista en M'lang. A la mañana siguiente los "moros", rebeldes musulmanes, vinieron a la aldea de Mingading buscando al estadounidense. Creo firmemente que un ángel intervino.

Capítulo Once

FORTALEZA— LOS ÁNGELES CONECTADOS

Los ángeles no fortalecen a alguien simplemente porque esté cansado; ellos se encuentran disponibles para los que están en una misión del Reino.

Yo HABÍA PASADO tres días y tres noches sin dormir después del nacimiento de mi segunda hija. Siendo todavía estudiante del seminario, servía como pastor de tiempo completo e iba camino a casa con la cabeza aún zumbándome por la falta de descanso. Había garabateado un bosquejo y algunos pensamientos en papel, pero me sentí agotado e incapaz.

Al entrar en mi pequeño estudio y cerrar la puerta, una sensación de completa soledad me invadió. Tocando la puerta, Dave Davidson trajo una taza de café hirviendo y una dona grande y fresca.

"¿Cómo está, predicador?", preguntó. Caí de agotamiento en sus brazos. Dave dijo: "Sé que está cansado, ¡pero los ángeles de Dios lo fortalecerán!".

A las 11:20 en punto esa mañana, al levantarme para predicar, fluyó por mi cuerpo y mi espíritu un calor y una fuerza. ¡Dave tenía tanta razón! Los ángeles vinieron y me fortalecieron.

Los ángeles están aquí para fortalecer a los creyentes que tienen una relación íntima con Jesucristo. Los ángeles no harán por nosotros lo que nos ha sido demandado. Sin embargo, ellos pueden fortalecernos para realizar nuestras tareas. Como necesitamos la fortaleza que nos dan los ángeles, eso nos hace enfrentar nuestras propias insuficiencias. A menudo nos encontramos cansados y hechos polvo por las luchas diarias de la vida. La fatiga es la prima hermana de la depresión. ¡El objetivo de Satanás es hacer que nos demos por vencidos! La Palabra de Dios dice que en los últimos días, los emisarios de Satanás intentarán quebrantar "a los santos del Altísimo" (Daniel 7:25). La vida en el mejor de los casos puede resultar una experiencia agotadora; sin embargo, Dios hace provisiones para nuestra fortaleza.

ELÍAS ES FORTALECIDO

El profeta Elías había obtenido una gran victoria sobre las fuerzas de las tinieblas. En el Super Bowl de la guerra espiritual, Elías había invocado fuego del cielo y expuesto a los falsos profetas de Baal. Elías derrotó a esos profetas e hizo volver el corazón del pueblo hacia el único Dios. Con esa batalla ganada y una sequía de tres años y medio, rota, el avivamiento vino a la tierra. Sin embargo, el profeta no pudo descansar.

La reina Jezabel hizo de Elías el número uno en su lista y lo persiguió. Elías huyo hasta el cansancio, y se sentó bajo un "enebro". Cuando la depresión se apoderó de él, Elías deseaba morir. La Escritura registra esta maravillosa historia de ayuda angelical en la que Elías fue tocado y alimentado por un ángel. De hecho, el ángel le horneó un pastel que le dio cuarenta días de fuerza (consultar 1 Reyes 19:6–8).

DANIEL ES FORTALECIDO

Una vez más encontramos en las Escrituras la historia del profeta Daniel, quien también fue fortalecido por un ángel. Daniel estaba tan impactado por todo lo que Dios le había revelado que casi muere. Pero el ángel vino y tocó a Daniel. Entonces el ángel le dio una palabra del Señor. Tanto el toque como la palabra le dieron a Daniel fortaleza en su misión (consulte Daniel 10:17–19).

EL SEÑOR JESÚS ES FORTALECIDO

En dos ocasiones encontramos a nuestro Señor recibiendo fortaleza de parte de los ángeles. Cuando fue tentado en el desierto, Jesús enfrentó una tentación de Satanás que le quitó la fuerza. Recuerde, como lo vimos anteriormente, el objetivo de Satanás es "desgastar" al creyente. En el desierto, Satanás atacó a Jesús con un triple golpe, para probar su determinación. Jesús venció a Satanás respondiendo cada prueba con la Palabra de Dios. Cuando terminó la batalla vinieron los ángeles. "El diablo entonces le dejó; y he aquí vinieron ángeles y le servían" (Mateo 4:11).

Cuando el Señor enfrentó la horrible copa de nuestros pecados en el jardín de Getsemaní, miró en la copa y dio marcha atrás de horror. Al final, Jesús bebió la horrible poción hasta el último sorbo. ¿Cómo pudo Jesús enfrentar tan horrible misión? Un ángel vino de la gloria para ayudarlo: "Y se le apareció un ángel del cielo para fortalecerle" (Lucas 22:43). Jesucristo no evitó la inevitable copa, pero fue fortalecido para la tarea por el ángel.

CÓMO SON FORTALECIDOS LOS CREYENTES POR LOS ÁNGELES

Incluso en los tiempos actuales, los ángeles de Dios vienen a fortalecer a los creyentes en momentos de dificultad. Un joven comparte su historia acerca de cuando no podía recuperarse de una cirugía y un ángel vino en su ayuda. Él recuerda:

> Hace algunos años tuve que someterme a una cirugía de rodilla; oré mucho antes de la intervención pidiéndole a Dios que guiara las manos de aquellos en el quirófano y que saliera a salvo de la anestesia. Aparentemente inhalé muy profundamente el anestésico y tuve problemas para recuperar el conocimiento.
>
> Recuerdo que estaba muy asustado porque no quería morir, tenía tanto más qué vivir.

Inmediatamente, apareció una luz blanca y una voz me animó. Decía: "Respira, respira, tú puedes, saldrás de la anestesia, no te resistas".

Sé que fue un ángel de Dios hablándome, así que puedo dar fe de que los ángeles están presentes todo el tiempo y nos cuidan siempre. Lo he experimentado.

¡Gracias a Dios por sus ángeles![1]

Al observar esta historia y los antecedentes bíblicos presentados en la sección anterior, vemos algunas maneras en las que recibimos fortaleza por parte de los ángeles. Observe y recuerde lo siguiente:

1. Los ángeles fortalecen a aquellos que están en misiones serias de Dios. Los ángeles no fortalecen a alguien simplemente porque esté cansado; ellos se encuentran disponibles para los que están en una misión del Reino.

2. La presencia de los ángeles produce una medida de fe. La palabra *aparecer* significa traer la ayuda de la presencia de alguien. De joven fui amenazado por un matón cinco años mayor que yo. Un día el matón me golpeó. Mi madre mandó a su hermano menor conmigo para vengar el golpe. ¡Mi tío se encargó de ese matón! Cuando mi tío apareció, huyó toda mi debilidad. De igual manera, la aparición angelical echa fuera a los asesinos demoniacos de nuestra fuerza.

3. Los ángeles tocan y ministran a los creyentes débiles. El roce del ala de un ángel puede fortalecer al creyente en su viaje.

4. Los ángeles hablan la Palabra de Dios, y los creyentes son fortalecidos por la palabra de los ángeles. Dios nos enviará un mensaje optimista y fiel a través de ángeles que nos fortalecerán y nos prepararán para lo que vendrá.

5. Los ángeles pueden cocinar y alimentar a los creyentes. Con esto, vemos a los ángeles usar objetos tangibles para traer fortalecimiento al cuerpo y alma de un creyente, o muchas veces, los ángeles utilizarán a otras personas para que suplan lo necesario para fortalecer al creyente.

6. Los ángeles algunas veces pueden transportar a los creyentes, al igual que el diácono Felipe fue llevado de pronto a Samaria por un ángel (Hechos 8:26–49). Los ángeles nos pueden cargar cuando estamos muy cansados en nuestras propias fuerzas, y nos pueden levantar para evitar que resbalemos con piedra (Salmos 91).

En resumen, los ángeles están dispuestos para fortalecernos en el camino. Como lo vemos en Apocalipsis 5:2, que habla de un "ángel fuerte", la palabra *fuerte* se traduce como "fuerza, poder interior". En esencia, los ángeles fuertes están con nosotros para fortalecernos.

Sección Tres

La
MANERA *en* QUE
LOS **ÁNGELES**
se ACTIVAN

Capítulo Doce

LOS ÁNGELES OBEDECEN ÓRDENES

Hemos recorrido toda la tierra, y he aquí toda la tierra está reposada y quieta.

—Zacarías 1:11

A LOS ÁNGELES SE les ha asignado la responsabilidad de servir a los creyentes. Cuando un creyente opera como un heredero del Reino de Dios, los ángeles son enviados para servirlo. Nuestros fallos al activar la ayuda angelical han limitado nuestro crecimiento y éxito en la empresa de nuestra misión. Existe una palabra poderosa acerca de los ángeles en Hebreos 1:14 que dice: "¿No son todos espíritus ministradores, enviados para servicio a favor de los que serán herederos de la salvación?". La palabra "enviados" es la palabra griega *apostello,* que es la misma palabra traducida como "apóstol". Los ángeles son "enviados" a aquellos que están dispuestos a ser "enviados". La palabra "enviados" significa ser llevados con un encargo. Los ángeles protegen y respaldan el mensaje que Dios está hablando hoy utilizando su autoridad. La palabra "enviados" también habla acerca del trabajo apostólico, profético y de evangelización hecho para ayudar a dar a conocer las Buenas Nuevas.

> *Los ángeles van delante de nosotros*
> *en el recorrido de nuestra vida*
> *hacia el destino prometido.*

LOS ÁNGELES DAN INSTRUCCIONES

Recientemente había cumplido veintiún años y estaba experimentado uno de los tiempos más emocionantes de mi juventud. Acababa de casarme, estudiaba en la Universidad Samford y había comenzado un nuevo ministerio en una iglesia en Wilsonville, Alabama. Mientras conducía hacia Birmingham para un largo día de clases, vi a un joven haciendo autostop. Normalmente nunca me detengo a recoger autoestopistas; sin embargo, aquel día me detuve a recoger el joven.

Al subirse a mi coche, dijo: "Ahora adora a Jesucristo".

Y luego dijo: "Debo decirte algo. Tendrás un despertar y bautizarás a docenas de personas. No te aflijas si los que ya tienen mucho tiempo en la iglesia no reciben todo lo que Dios suelte. Has sido designado en este lugar con el propósito de tocar a la gente que nadie quiere".

Entonces me pidió que lo dejara bajarse del coche. Mientras bajaba del coche le dije: "Que Dios te bendiga".

Me miró, sonrió y dijo: "¡Él ya lo hizo y te ha bendecido a ti!".

Dos semanas después bautizamos a treinta y seis nuevos convertidos; la mayoría vivía en una comunidad pobre de casas sencillas. La iglesia no los recibía, pero a partir de ese momento, Dios puso un amor en mi corazón desde entonces hasta ahora por los necesitados y los marginados. Creo que me topé con un ángel.

Los ángeles van delante de nosotros en el recorrido de nuestra vida hacia nuestro destino prometido. En Éxodo 33:2, Dios dijo: "Y yo enviaré delante de ti el ángel, y echaré fuera al cananeo y al amorreo, al heteo, al ferezeo, al heveo y al jebuseo". Es grato saber que el Señor dirige nuestro camino y que sus ángeles dan cada paso antes que nosotros. Existen "exploradores" angelicales, explorando y preparando el camino futuro.

LOS ÁNGELES ALERTAN A LOS CREYENTES

Recuerde que el ángel alertó a José acerca de las malas intenciones de Herodes: "Después de que partieron ellos, he aquí un ángel del Señor apareció en sueños a José y dijo: Levántate y toma al niño y a su madre, y huye a Egipto, y permanece allá hasta que yo te diga; porque acontecerá que Herodes buscará al niño para matarlo" (Mateo 2:13). A lo largo de la historia los ángeles han ondeado banderas rojas frente a los creyentes, y nosotros podemos contar con la misma intervención protectora en nuestra vida en la actualidad.

Bart iba de camino hacia Branson, Missouri para la convención anual de motocicletas Yamaha, cuando tuvo un encuentro increíble que nunca olvidará. Venía en su motocicleta detrás de un camión semirremolque a setenta o setenta y cinco millas por hora, cuando escuchó una voz clara en su interior que le dijo: "Cámbiate al carril izquierdo".

Cuando llegó al carril izquierdo, una llanta trasera del camión semirremolque frente a él se reventó y dispersó grandes pedazos del piso de la llanta en el carril derecho en donde él había estado momentos atrás. Bart verdaderamente cree que de no haber sido por aquella intervención divina diciéndole que se cambiara de carril, él no estaría vivo hoy. Posiblemente habría chocado con la parte trasera del camión o su motocicleta habría perdido el control después de chocar con el piso de la llanta que se desprendió.

Bart está seguro de que ese día escuchó a su ángel diciéndole, fuerte como una campana, que se cambiara de carril porque estaba por suceder un problema.[1]

LOS ÁNGELES VIGILAN

Cuando atamos al enemigo y desatamos a nuestros aliados, los ángeles hacen el trabajo por nosotros. Muchas veces en la iglesia, conjunta e individualmente, no ocupamos nuestra posición en Cristo. Como consecuencia, no podemos llamar a las legiones de ángeles listos para ayudar. Mateo 16:19 lo dice de esta manera: "Y a ti te daré las llaves del Reino de los cielos; y todo lo que atares en la tierra será atado en los cielos; y todo lo que desatares en la tierra será desatado en los cielos". Por su manera de operar, los creyentes deben entender que la ayuda angelical es una "llave" para el poder del Reino en la tierra. Estos magníficos seres son agentes de Dios que operan abriendo puertas y atando las maldiciones.

Las poderosas huestes del cielo son llamadas "vigilantes" en las Escrituras. Estoy convencido de que los ángeles pueden revelar crisis internacionales y necesidades internacionales. ¡Como "vigilantes", están cuidando a todos los creyentes! Los ángeles son los exploradores de Dios en la tierra haciendo reconocimiento. En el capítulo 1 de Zacarías, encontramos a los ángeles yendo y viniendo o, para ponerlo en un lenguaje más contemporáneo, caminando de un lado a otro a lo largo de la tierra montando guardia sobre la creación. Esa noche dieron un buen informe: "Hemos recorrido la tierra, y he aquí toda la tierra está reposada y quieta" (Zacarías 1:11).

El profeta Daniel también llama a los ángeles "vigilantes". Ellos vigilan a toda la creación. Sobre nuestra tierra se encuentran satélites fabricados por el hombre que registran la actividad mundial; en una mayor escala, los ángeles también nos vigilan. "Vi en las visiones de mi cabeza mientras estaba en mi cama, que he aquí un vigilante y santo descendía del cielo" (Daniel 4:13).

Por su manera de operar, los creyentes deben
entender que la ayuda angelical es una
"llave" para el poder del Reino en la tierra.

Conversaba con mi suegra, una cristiana fiel que recientemente enviudó, acerca de vivir solo. Ella ha optado por quedarse en una casa grande en donde ella y mi suegro Billy habían vivido largo tiempo. Ella me dijo de inmediato que no tenía miedo. Con una sonrisa tímida dijo: "Sé que los ángeles me cuidan".

Cuando Billy estaba en sus últimos momentos en su casa con toda la familia reunida, abrió sus ojos azules y miró hacia el cielo mientras una gloria llenó el cuarto. Entonces Billy cerró sus ojos y se fue al cielo. Aunque no era visible, un ángel había venido para llevarlo de su casa a la gloria, y creo firmemente que los ángeles han permanecido con mi suegra Polly desde entonces.

Los ángeles siempre están en guardia, cubriendo la tierra. Ellos informan todo lo que observan en la tierra. Si estamos en el canal correcto, también podemos saber lo que Dios está haciendo en la tierra.

Capítulo Trece

LOS ÁNGELES
RESPONDEN
a la ESCRITURA

Cuando un cristiano fiel proclama la Palabra que
Dios ha puesto en él o ella, esa Palabra es llevada
en las alas de los ángeles para ser respondida.

DURANTE TREINTA AÑOS he servido como pastor en
Abba's House. Durante ese tiempo, he preparado y
pronunciado cinco mil mensajes, lo que da un total
de más de sesenta y cinco mil páginas escritas. He escrito
diecisiete libros y he dado lecciones diarias en el radio durante
más de diez años, o sea, he dado más de tres mil mensajes

radiales. Durante todo ese tiempo, puedo decir honestamente que la mayoría de las personas que escucharon estos mensajes de las Escrituras no respondieron. Sin embargo, es alentador saber que ni un solo ángel desobedeció la Palabra de Dios que salió de mi boca.

Los ángeles son activados por la Palabra de Dios y se mueven de acuerdo con ella. Ellos no hacen lo que nosotros los humanos hacemos algunas veces: responder a las órdenes de Dios de mala gana o dependiendo de cómo vemos lo que Dios nos está pidiendo. Cuando Dios habla, ellos actúan. Los ángeles reverencian, respetan y responden a la Palabra de Dios. Ellos tienen un especial interés en presentar, proteger, proclamar y llevar a cabo la Palabra de Dios. Los ángeles no quebrantarán la Palabra escrita de Dios, porque están comprometidos con lo que ella establece. En la mayoría de los casos cuando existe una participación angelical es para transmitir un mensaje del cielo. Los ángeles saben que estos mensajes que comunican, cambian el destino de naciones, y son de vida o muerte.

LOS ÁNGELES Y EL ORIGEN DE LA ESCRITURA

La Escritura habla acerca de su origen celestial. La Escritura es letra de hombre, inspirada por Dios, para dar testimonio de las poderosas obras de Dios: "Toda la Escritura es inspirada por Dios, y útil para enseñar, para redargüir, para corregir, para instruir en justicia" (2 Timoteo 3:16).

En este versículo, Pablo declara que los escritos de la Biblia son inspirados por Dios. El Espíritu Santo supervisó activamente la escritura de la Palabra. Simón Pedro afirma que la Escritura vino de Dios a la humanidad: "Tenemos también la palabra profética más segura, a la cual hacéis bien en estar atentos como a una antorcha que alumbra en lugar oscuro, hasta que el día esclarezca y el lucero de la mañana salga en vuestros corazones; entendiendo primero esto, que ninguna profecía de la Escritura es de interpretación privada, porque nunca la profecía fue traída por voluntad humana, sino que los santos hombres de Dios hablaron siendo inspirados por el Espíritu Santo" (2 Pedro 1:19–21).

Los ángeles son activados por la Palabra de Dios y se mueven de acuerdo con ella. Cuando Dios habla, ellos actúan.

Más allá de la conexión entre Dios y el hombre, encontramos varios aliados en la formación de la Escritura: los ángeles santos. Los ángeles estuvieron profundamente involucrados en la entrega de la Palabra. Cuando Moisés subió al Monte Sinaí, se encontró con una numerosa compañía de ángeles que participaron en la revelación de la Ley: "Jehová vino de Sinaí, y de Seir les esclareció; resplandeció desde el monte de Parán, y vino de entre diez millares de santos, con la ley de fuego a su mano derecha" (Deuteronomio 33:2). La palabra *santos* es "los santos" y los eruditos concuerdan que es una referencia a los ángeles.[1]

Salmos 68:17 declara la cubierta angelical del Monte Sinaí cuando Moisés conversaba con Dios sobre la Ley que se convertiría en el cimiento de la civilización humana:

"Los carros de Dios se cuentan por veintenas de millares de millares; el Señor viene del Sinaí a su santuario".

Cuando usted hojea las páginas del Nuevo Testamento encuentra una clara afirmación de la ayuda angelical en las Escrituras, especialmente en la Ley. El diácono Esteban en el sermón que se convirtió en su martirio declaró la misma verdad: "[...] Vosotros que recibisteis la ley por disposición de ángeles, y no la guardasteis" (Hechos 7:53).

La Ley vino "por disposición de los ángeles". El apóstol Pablo, en la carta a la iglesia de Gálatas dijo que la Ley fue "ordenada" por los ángeles: "Entonces, ¿para qué sirve la ley? Fue añadida a causa de las transgresiones, hasta que viniese la simiente a quien fue hecha la promesa; y fue ordenada por medio de ángeles en mano de un mediador" (Gálatas 3:19).

Además, el escritor de Hebreos declara la absoluta integridad de la "palabra dicha por medio de los ángeles": "Porque si la palabra dicha por medio de los ángeles fue firme, y toda transgresión y desobediencia recibió justa retribución" (Hebreos 2:2).

Los ángeles participaron en la entrega de la Ley y también cumplieron las sentencias de la Ley.

LOS ÁNGELES HACEN CUMPLIR LA PALABRA

Consulte de nuevo Hebreos 2:2: "Porque si la palabra dicha por medio de los ángeles fue firme, y toda transgresión y desobediencia recibió justa retribución". La palabra *transgresión* significa "entrar sin autorización, ir más allá del límite usual"; en pocas palabras, "romper las reglas". *Desobediencia* significa simplemente "actuar en contra de lo que ha sido ordenado". ¡Los ángeles castigan a los infractores! Esta es la razón por la que usted nunca debe asignar la protección angelical a su vida si está violando la ley y desobedeciendo a la autoridad. Es muy claro que los ángeles respetan y responden a la Palabra de Dios, y que la dan a conocer. Como hemos observado, los ángeles estuvieron presentes en la entrega de la ley (Salmo 68:17), la Ley provino por disposición de los ángeles (Hechos 7:53), la Ley fue "ordenada por medio de los ángeles" (Gálatas 3:19), y la Palabra fue dicha en algunos casos por medio de ángeles (Hebreos 2:2). De estos pasajes concluimos que la obediencia a la Palabra de Dios es vital para liberar la actividad angelical. Además, ¿podría ser posible que los ángeles sufran por los humanos que transgreden las leyes de Dios? Como lo vimos antes, tanto ángeles como demonios están organizados en jerarquías militares; por lo tanto, la rebelión se consideraría dolorosa. ¿Sería posible que la ayuda angelical se detuviera por causa de rebelión?

LOS ÁNGELES Y LA PALABRA CONFESADA

Trasladándonos de lo negativo a lo positivo, vemos que los ángeles son activados y liberados cuando confesamos por fe la Palabra de Dios: "Bendecid a Jehová, vosotros sus ángeles, poderosos en fortaleza, que ejecutáis su palabra, obedeciendo a la voz de su precepto. Bendecid a Jehová, vosotros todos sus ejércitos, ministros suyos, que hacéis su voluntad" (Salmo 103:20–21). Esta escritura nos da una dirección clara de cómo los ángeles se mueven por la Palabra de Dios. Observe que la Palabra es fuertemente respetada por las huestes del cielo en una atmósfera de adoración. Cuando un creyente adora, los ángeles se unen.

La obediencia a la Palabra de Dios es vital para liberar la actividad angelical.

En segundo lugar, los ángeles "cumplen su palabra". Esta es su vocación y su propósito. Los ángeles harán que la Palabra de Dios se cumpla en la vida de los creyentes.

En tercer lugar, observe que cuando la Palabra es proclamada, los ángeles son activados. Cuando un cristiano fiel proclama la Palabra que Dios ha puesto en él o ella, esa Palabra es llevada en las alas de los ángeles para ser respondida. ¡Los ángeles llevan a cabo la Palabra de Dios y responden a la Palabra proclamada! Los ángeles no pueden leer su mente. Cuando usted confiesa la Palabra de Dios por fe con su boca, los ángeles se mueven al instante. Al obedecer, ser cauteloso y confesar la Palabra de Dios, nos ponemos en sociedad completa con nuestros aliados angelicales.

Los ángeles son activados y liberados cuando confesamos por fe la Palabra de Dios.

En una reunión de personal de la iglesia hace algunos años, se reportó una necesidad financiera. Oré y envié ángeles cosechadores para tomar lo que la Palabra de Dios nos había prometido. Antes de que la reunión terminara, un empresario local llevó un cheque de cinco cifras que satisfizo la necesidad. Los ángeles de Dios se movieron cuando se abrazó y confesó la promesa de la Palabra de Dios.

Capítulo Catorce

LOS ÁNGELES TRAEN RESPUESTAS *a la* ORACIÓN

Y de la mano del ángel subió a la presencia de Dios el humo del incienso con las oraciones de los santos.

—APOCALIPSIS 8:4

LA ACTIVIDAD ANGELICAL se arremolina y se mezcla con las cosas del Espíritu. Ya hemos visto cómo los ángeles están conectados con la gloria de la adoración y con las necesidades de los creyentes. Los ángeles están especialmente en consonancia con la disciplina espiritual de la oración. Los ángeles son activados por una búsqueda de Dios sincera del corazón en oración. En la Escritura parece que la adoración angelical incluye vigilar las oraciones de los creyentes. En dos ocasiones, se ve que los ángeles se ocupan de las oraciones de los creyentes.

Primero, en la dramática escena de adoración que se encuentra en Apocalipsis 5, el Cordero toma el rollo de manos del ángel fuerte. Este libro es un recuento de todas las pruebas de la humanidad a lo largo de las épocas. Solamente nuestro Señor Jesús, por su sacrificio, puede restituir lo perdido. En esta poderosa visión, el Cordero muestra los signos visibles de haber sido inmolado (consulte Apocalipsis 5:6–7).

Cuando el León/Cordero toma el libro, una adoración triunfal estalla entre los redimidos y las huestes celestiales. Al comenzar la adoración, hay una mención misteriosa de los ángeles y nuestras oraciones: "Y cuando hubo tomado el libro, los cuatro seres vivientes y los veinticuatro ancianos se postraron delante del Cordero; todos tenían arpas, y copas de oro llenas de incienso, que son las oraciones de los santos"

Los ángeles de la adoración atienden
el clamor sincero del pueblo de Dios.

Parece que las oraciones de todos los creyentes a lo largo del tiempo son atendidas por los ángeles. Las oraciones son vistas como "copas de oro" de "incienso". Esta imagen nos regresa a la adoración en el templo donde el incienso ardía ante la nube de gloria de la presencia de Dios. Los ángeles mantienen nuestras oraciones como olor fragante ante el trono de Dios. Las oraciones son apreciadas en el cielo y están al cuidado de las huestes de adoración. En la referencia bíblica anterior, las huestes de ángeles tocan sus arpas (*kithara* en griego, de la cual proviene la palabra guitarra). Mientras tocan y adoran, las oraciones ascienden como incienso ante el trono de Dios: "Y de la mano del ángel subió a la presencia de Dios el humo del incienso con las oraciones de los santos. Y el ángel tomo el incensario, y lo llenó del fuego del altar, y lo arrojó a la tierra; y hubo truenos, y voces, y relámpagos, y un terremoto" (Apocalipsis 8:4–5).

Al desarrollarse está escena, las oraciones de los creyentes desatan las siete trompetas de los ángeles de juicio en la tierra. Observe que nuestras oraciones "ascendieron ante Dios de la mano de los ángeles". ¡Entonces nuestras oraciones fueron lanzadas de nuevo a la tierra como fuego! Esta poderosa imagen de la oración se confirma en Salmos 141:1–2: "Jehová, a ti he clamado; apresúrate a mí; escucha mi voz cuando te invocare. Suba mi oración delante de ti como el incienso, el don de mis manos como la ofrenda de la tarde". Observe la imagen del incienso y la oración. Los ángeles de la adoración atienden el clamor sincero del pueblo de Dios.

NINGUNA ORACIÓN PASA INADVERTIDA

Los ángeles reúnen todas nuestras oraciones, y estas son ofrecidas a Dios como un sacrificio. Hasta que la respuesta esté lista arden ante el trono de Dios como sacrificio fragante. Los ángeles atienden nuestras oraciones y son agentes utilizados para responder nuestras oraciones. En su momento, el Espíritu Santo y los ángeles de fuego se mueven para responder las oraciones justas de los creyentes. Un claro ejemplo de la manera en que esto funciona está registrado en Lucas 1:8–12.

Zacarías estaba sirviendo como el sumo sacerdote y ofrecía incienso mientras todo el pueblo estaba fuera del templo orando a la hora del incienso. El pueblo sabía que la oración junto con el sacrificio y adoración, eran poderosos y efectivos. En ese momento las obras invisibles de Dios se hacían visibles. Asombrosamente el ángel de Señor apareció a la derecha del altar del incienso. ¿Qué hacía este ángel? Él estaba reuniendo las oraciones de los creyentes como siempre lo hacía, pero aquel día se le apareció a Zacarías. ¿Por qué se manifestó el ángel? Porque Zacarías y Elisabet habían estado orando con gran seriedad toda su vida por un hijo. A la hora del incienso, la hora de la oración, el ángel que vigila la oración, se mostró. Esta escena termina con Zacarías quien, temeroso, dudó de la palabra de Gabriel y fue dejado mudo para que no pudiera hablar incredulidad ni contradecir la palabra de fe afirmada por su esposa Elisabet. Los ángeles responden a "la voz de su palabra" (Salmos 103:20); por lo tanto, Gabriel no podía permitir que ni una sola palabra de incredulidad se pronunciara durante el embarazo de Elisabet.

LA ORACIÓN CONTESTADA DE UNA MADRE

Mi esposo y mi hijo mayor trabajan en el mismo lugar en Colusa, California. Vivimos en Colusa, y nuestro hijo vive a cincuenta kilómetros. Trabajan en la madrugada. Una mañana después de que mi esposo se fue a trabajar yo no podía dormir. Miré el reloj y eran las 4:45 a.m. Nuestro hijo estaba en mi mente y sentía pesado mi corazón. Pensé que estaba siendo sobreprotectora y trate de cerrar los ojos para volverme a dormir.

"Existen ángeles entre nosotros. ¡Usted nunca sabe si aquella que está a su lado en un elevador, detrás de usted en la fila del supermercado o aun el repartidor de pizzas son en realidad personas!"

El peso se volvió tanto que ya no podía quedarme en cama. Llamé a mi esposo al trabajo y le pregunté si nuestro hijo había llegado ya a trabajar y me respondió que no. En ese momento eran las 5:20 a.m., y él debía comenzar a las 5:30. Comencé a orar y a pedirle a Dios que enviara a sus ángeles alrededor de mi hijo para llevarlo con bien al trabajo.

Todavía seguía orando por los ángeles de Dios cuando, cerca de veinte minutos después, escuché un coche afuera. Al abrir la puerta, mi hijo venía caminando hacia mí. Su coche estaba aún encendido, la puerta del conductor abierta, y sus manos sobre su cabeza. Estaba llorando y dijo: "Mamá, casi me muero".

Se había quedado dormido sobre el volante mientras cruzaba un puente de tres kilómetros. En la curva, su coche se fue directo al otro carril y golpeó el muro de concreto. El coche se levantó aproximadamente a unos tres centímetros de la parte superior del muro. Despertó e intentó con dificultad bajar el coche de la pared, arrancando por lo menos tres metros del recubrimiento de la pared.

Abracé a mi hijo y le dije lo que me había sucedido antes, y que había orado para que los ángeles de Dios lo protegieran. Ambos lloramos y le agradecimos a Dios por haberle dado un ángel guardián.[1]

UN ÁNGEL AL RESCATE

Hay ángeles entre nosotros. ¡Usted nunca sabe si quienes están a su lado en un elevador, detrás de usted en la fila del supermercado o incluso si el repartidor de pizzas son personas en realidad!

Una de mis mejores amigas trabajaba como niñera de tiempo completo con una linda familia de cinco que vivía en el campo en Indiana. ¡Además de estar embarazada, tenía que cuidar a los niños y lo hacía muy bien!

Me quedé en la casa un fin de semana, y pasé un tiempo con ella y los niños mientras los padres estaban fuera. Era un maravilloso día de diciembre y comenzaba a hacerse tarde. Era tiempo de irme. Nevó *mucho* ese día, así que todo estaba completamente cubierto de nieve. Después de calentar mi coche, intenté dar marcha atrás y de alguna manera me di cuenta de que ya no estaba en el camino sino en el jardín. Fue entonces que me atasqué. ¡Traté de balancear mi coche de un lado a otro en mi intento por sacar el coche, pero lo único que logré fue destruir el jardín! Me sentí apenada y fui a la casa y le dije a mi amiga: "¡Estoy atascada!". Mi amiga buscaba palas, sal, vigas, cualquier cosa que pudiera ayudar. "Estoy segura de que ellos tienen herramientas; ¡viven en el campo!" No tuvimos éxito.

Intenté de nuevo retroceder el coche y me estaba frustrando de verdad. Eran alrededor de las 11:00 p.m. y hacía mucho frío, y aunque la nevada había disminuido casi en su totalidad, era difícil moverse ya que la nieve que había caído durante el día era muy profunda. De vuelta en el coche, me senté y pensé que no quería hacer más grande la zanja que ya había hecho en su patio delantero. No podía creerlo. "¿Cómo lo hice?", me pregunté. Ni siquiera tengo a quién llamar para pedir ayuda. Comencé a orar. Después de algunos minutos, por alguna razón miré el odómetro de viaje. Me asusté al leer los números 666. Me enojé y grité: "¡Lo rechazo!" y rápidamente oprimí el botón y puse el odómetro en cero.

En ese momento, un pequeño coche con un anuncio de Domino's Pizza se detuvo en la casa. Pensé: "¿Hasta acá? Qué raro". Un hombre salió del coche. Con una gran sonrisa, caminó hacia mí y dijo entre risas: "Parece que necesitas ayuda".

Estaba llena de agradecimiento y respondí: "¡Ay, sí! ¡Gracias! ¡Muchas gracias!".

Él se rió y dijo que le daría un empujón mientras yo lo aceleraba.

Me senté en el coche y miré por la ventana trasera. El hombre permaneció detrás del coche, y durante algunos momentos lo miró muy pensativamente. Parecía que estaba reuniendo información con sus ojos risueños.

"Fui por mi bolsa al coche para darle algo de dinero por haberme ayudado, y cuando miré, ya se había ido"

"¡Ya!", gritó. Así que presioné ligeramente el acelerador. Obviamente no le quería arrojar aguanieve y lodo.

Puso sus manos en el maletero de mi coche y avancé, subí y regresé al camino. Pensé: "¡Ay! ¡Ni siquiera se inclinó!".

Salí del coche y estaba muy sorprendida, todo lo que salió de mi boca fue una lluvia de agradecimientos y un: "¡Caramba, eres fuerte!".

Él se rió y me pidió que tuviera mucho cuidado en el camino.

Fui por mi bolso al coche para darle algo de dinero por haberme ayudado, y cuando miré, ya se había ido hasta su coche. Se paró junto a él y se despidió antes de entrar y arrancar.

Rápidamente me subí al coche y regresé al camino. Él se había ido. No había señales de luces traseras. No había huellas de neumáticos en la nieve.[2]

Sus oraciones son importantes para nuestro Padre y activan la ayuda angelical. Ninguna oración pasa inadvertida o permanece sin respuesta.

¿QUÉ NOS DICE TODO ESTO?

1. Los ángeles permanecen en el lugar secreto de oración.

2. Los ángeles se mueven y motivan tanto por la oración individual como la oración grupal.

3. La ofrenda de oración es mejor en un contexto de intensa adoración.

4. Los ángeles cuidan que las oraciones sean respondidas.

5. Las oraciones son un aroma agradable y fragante para Dios nuestro Padre.

6. Las oraciones llegan a Dios de las manos de nuestros aliados angelicales.

7. Los ángeles responden negativamente a las palabras incorrectas; las confesiones incorrectas, maldiciones y la incredulidad impiden la Palabra hacedora de milagros.

8. Las oraciones ofrecidas con fe apasionada y confianza en Dios, serán respondidas por Dios y liberadas por los ángeles.

Sus oraciones le importan a nuestro Padre y activan la ayuda angelical. Recuerde que ninguna oración pasa inadvertida o permanece sin respuesta. Me doy cuenta de que para algunos de ustedes, esto no tiene sentido, cuando han orado por sanidad y esta no llega, o cuando han sufrido mucho y parecen no tener alivio. Sin embargo, este pasaje nos muestra que nuestras oraciones han sido encomendadas a los ángeles hasta el momento indicado. Como aliados con los ángeles, debemos fortalecernos en el poder de la oración y pasar tiempo regularmente con Dios.

Capítulo Quince

LOS ÁNGELES se MUEVEN en el TERRENO de lo MILAGROSO

¡Este es el punto: cuando nuestro Rey Jesús reina como Señor, el reino ha venido! Por lo tanto, estamos viviendo en un tiempo de avance del Reino.

L A ACTIVIDAD ANGELICAL está aumentando en estos últimos tiempos. La razón de estas operaciones sobrenaturales tiene dos vertientes. En primer lugar, mientras avanzamos hacia el final, las opciones humanas comienzan a menguar. El ingenio humano ha creado un mundo que se apresura hacia la ruina y el caos. Al acercarse este tiempo, Dios libera más intervención angelical para proteger a su pueblo y para promover su reino. Además, durante el siglo pasado, la iglesia ha experimentado el avivamiento y la restauración de los dones del Espíritu. Comenzando en la calle Azusa a principios del siglo veinte y continuando hasta este día, se está desarrollando un poderoso derramamiento del Espíritu Santo en todo el mundo. Los historiadores nos dicen que estamos en la tercera ola de este movimiento mundial del Espíritu Santo. En los países del tercer mundo, el número de convertidos al cristianismo está alcanzando cifras récord. Incluso el mundo islámico está siendo poderosamente impactado por lo sobrenatural. Suceden visiones y sueños, y se aparecen ángeles aun cuando no hay presencia misionera en el lugar.

A medida que las iglesias y ministerios adoptan el ministerio carismático, las antiguas divisiones caen y la unidad del Reino se extiende en todo el mundo. La iglesia de los últimos días debe estar orientada hacia el Reino para liberar lo sobrenatural, incluyendo la milagrosa ayuda angelical.

El ministerio del Reino

Al hablar acerca del terreno de lo milagroso en el cual operan los ángeles, es importante saber cómo estar en óptimas condiciones para recibir y activar su influencia sobrenatural en nuestro mundo. Una de las cosas principales que debemos entender, es cómo funciona el Reino de Dios en relación con nosotros y el mundo terrenal. Como ya lo hemos señalado, existen algunas leyes del Reino en la Palabra de Dios que los ángeles acatan, y si nos queremos beneficiar de nuestros aliados, necesitamos acatar dichas leyes también. Nuestro entendimiento del Reino de Dios nos ayudará a entender la conexión entre las leyes del Reino y nuestros aliados angelicales.

De acuerdo con Lucas 17:21, el Reino de Dios está entre nosotros. Así que si Jesús es Señor de nuestra vida, entonces su Reino ha venido a nosotros. Sin embargo, tendremos completa entrada a él y a sus recursos una vez que hayamos nacido de nuevo por el Espíritu Santo (consulte Juan 3:5). Esta entrada a los recursos del Reino requiere la voluntad de cambiar (arrepentirse) y un espíritu sumiso y quebrantado (consulte Mateo 3:2; 6:33). Con el Reino de Dios presente a nuestro alrededor por medio de milagros angelicales, con la caída de las antiguas divisiones entre iglesias e incluso con conversiones en los países islámicos, es evidente que estamos viviendo en un tiempo del avance del Reino.

La iglesia de los últimos días debe estar orientada hacia el Reino para liberar lo sobrenatural, incluyendo la milagrosa ayuda angelical.

Sin embargo, no solamente el Reino de Dios está aquí ahora, también está por venir. Hebreos 2:8–9 dice: "pero todavía no vemos que todas las cosas le sean sujetas. Pero vemos a [...] Jesús". Aún no vemos todos los aspectos y las obras internas del Reino de Dios, pero su plenitud está por venir porque todavía estamos esperando que Jesús regrese a la tierra por segunda vez. En Juan 18:36 Jesús lo confirma al decir que el Reino de Dios "no es de este mundo".

El reino se abre paso hasta el "ahora" por el Espíritu Santo. ¡En sus cartas, Pablo llama al bautismo del Espíritu Santo la garantía de los poderes del mundo por venir en el aquí y el ahora! Además, los poderes del Reino son liberados cuando sellamos y ungimos (consulte 2 Corintios 1:21–22; Efesios 1:14). ¡Estoy convencido de que muchos cristianos son hijos del Reino, pero no ejercen la ciudadanía! Todos aquellos que son salvos, son hijos; sin embargo, los derechos de ciudadano del Reino, que incluyen ángeles, milagros, señales y maravillas, le pertenecen a aquellos que han sido bautizados en el Espíritu Santo.

¡El Espíritu Santo libera el poder del Reino ahora! Los ángeles son parte de ese Reino que llamamos "el Reino de los cielos". ¡Cuando una iglesia o un creyente están dispuestos a entregarse a todo lo que Dios tiene, la actividad angelical aumentará exponencialmente! En un mundo lastimero, triste y sucio, necesitamos que se active este Reino que es "justicia, paz y gozo en el Espíritu Santo" (Romanos 14:17).

Ahora que hemos analizado cómo podemos estar en posición de recibir o activar el Reino de los cielos con ministración angelical, veamos algunos terrenos que pisan los ángeles para impactar la tierra con el poder del Reino.

EL MINISTERIO ANGELICAL EN LA IGLESIA

En Abba's House (Iglesia Bautista Central, Chattanooga, TN), en donde he servido durante treinta años, hemos pasado de un ministerio tradicional a lo que algunos llaman carismático. La transición comenzó en 1989 y continúa hasta hoy. Desde 1993, hemos presenciado avistamientos angelicales, cantos angelicales, orbes de luz y ráfagas de fuego. Todas estas manifestaciones ocurrieron después de que fui bautizado en el Espíritu Santo y cuando la iglesia se movió hacia ese plano. Yo creo que el ministerio angelical en la iglesia del Reino de la actualidad es similar a lo que sucedía en la iglesia del Nuevo Testamento.

Todos aquellos que son salvos son hijos, sin embargo, los derechos de ciudadano del Reino, que incluyen ángeles, milagros, señales y maravillas, le pertenecen a aquellos que han sido bautizados en el Espíritu Santo.

Al leer el Nuevo Testamento, encontramos sus páginas llenas de actividad angelical. Cuando la iglesia trae a aquellos que están perdidos al conocimiento de Jesús, los ángeles se unen en celebración y alabanza por su conversión. La Escritura dice que cuando los perdidos son hallados, "hay gozo delante de los ángeles" (Lucas 15:10). Cuando la iglesia se une para adorar, los ángeles se unen a nosotros (Hebreos 12:22). Los ángeles muestran una gran curiosidad por la vida espiritual de los creyentes (1 Pedro 1:12). Sin duda por su gran número, su actividad en el plano espiritual y su presencia entre los miembros de la iglesia del Reino, somos advertidos de no tomar a los ángeles como objetos de adoración (Colosenses 2:18). (Consulte el apéndice para obtener más información al respecto).

En su libro *The Truth About Angels* [La verdad sobre los ángeles], Terry Law ilustra la manera en la que los ángeles se mueven por nuestra adoración. Comparte varias historias que hablan de la actividad angelical en las iglesias.[1]

Sharon Abrams, esposa de un médico que asiste a la iglesia Agape, dijo haber visto dos ángeles durante el servicio en la iglesia. Los ángeles estaban flotando sobre la congregación con sus brazos extendidos. Eran de tez clara y de cabello claro, y medían dos o dos y medio metros de altura. Abrams escribió: "Sus rostros eran anchos con pómulos altos y hermosas sonrisas. Parecían hombres, pero no tenían barba. Había inocencia en sus rostros y el gozo de sus expresiones era maravilloso. No llevaban zapatos y vestían largos trajes con trenzas doradas. No puedo recordar con exactitud la ubicación de las trenzas en el traje. Sabía que estaban presentes en la reunión por nuestra alabanza y adoración [...] porque Jesús estaba siendo exaltado y adorado. Sentí que había muchos más seres en el auditorio, pero solamente pude ver aquellos dos".[2]

Marilyn Cappo de la iglesia Louisville Covenant en Kentuchy, dice que ha visto ángeles en varias ocasiones. Ella dijo ver tres ángeles danzando en el techo de una casa donde se reunía un grupo de hogar. Uno de ellos tocaba algo parecido a un arpa, posiblemente una lira. Después, durante la alabanza en un servicio matutino, ella vio un ángel que medía casi tres metros, parado detrás del líder de alabanza. Más recientemente, ella dijo haber visto dos ángeles parados en la plataforma frontal de su iglesia durante varios servicios. Ella los describió de esta manera:

"Miden un poco más de un metro ochenta y están vestidos de blanco. No hablan, pero levantan sus alas cuando se entonan cantos de directa alabanza al Padre.

"Se paran a la izquierda del púlpito, mirando a la congregación y nos ven expectantes. Los he visto una y otra vez durante meses y he orado a menudo para entender su propósito y su misión en nuestra iglesia. Una mañana uno de ellos caminó detrás del pastor y extendió sus alas mientras nuestro pastor hacía declaraciones de Dios para nosotros. Los ángeles parecen estar esperando que hagamos algo, y siempre miran atentamente".

Patsy Burton de Wethersfield, Essex, Inglaterra, escribió acerca de haber escuchado ángeles cantar durante un servicio en la iglesia. Ella dijo que "la claridad, el tono y la armonía eran absolutamente increíbles. De hecho, no existen palabras para describir cómo sonaban".

En *Somewhere Angels* (Ángeles en algún lugar), uno de los mejores libros que he encontrado acerca de los ángeles, el autor, Larry Libby escribió acerca de una reunión de adoración en

Alaska: "Afuera, el viento invernal gemía y silbaba contra las esmeriladas ventanas de la iglesia. Pero dentro de la pequeña iglesia, la gente estaba abrigada y contenta, y cantando canción tras canción de alabanza a Dios [...] algo misterioso y maravilloso sucedió en esa noche helada y estrellada. Después de una última canción de adoración [...] la gente dejó de cantar. Los músicos bajaron sus instrumentos, pero de alguna manera, los cantos continuaron. Todos los escucharon. La hermosa música de adoración siguió tocando continuamente durante un tiempo, como un eco largo y tintineante".[3]

Cuando un creyente se niega a someterse a los apóstoles, profetas, evangelistas, pastores y maestros, entonces los ángeles que los acompañan se ofenden y no sueltan la bendición.

LOS ÁNGELES Y EL LIDERAZGO DEL REINO

Además, los ángeles acompañan a aquellos que sirven en los cinco dones del ministerio. Analicemos esta escritura acerca de los ángeles, a menudo citada y sin embargo, malinterpretada: "No os olvidéis de la hospitalidad, porque por ella algunos, sin saberlo, hospedaron ángeles" (Hebreos 13:2).

Este versículo, cuando es visto en contexto, tiene que ver con la autoridad y el orden de la iglesia. Los creyentes son llamados a "acordaos de vuestros pastores, que os hablaron la palabra de Dios" (Hebreos 13:7). Observe de nuevo el siguiente mandato: "Obedeced a vuestros pastores, y sujetaos a ellos; porque ellos velan por vuestras almas [...] para que lo hagan con alegría, y no quejándose, porque esto no os es provechoso" (Hebreos 13:17). El punto es bastante claro: los ángeles acompañan a aquellos que guían, hablan la Palabra de Dios, enseñan la fe y cuidan sus almas, y ellos sueltan provecho y prosperidad. Cuando un creyente se niega a sujetarse a los apóstoles, profetas, evangelistas, pastores y maestros, entonces los ángeles que los acompañan se ofenden y no sueltan la bendición. Aquellos que se burlan y ridiculizan a los hombres y mujeres de Dios, están obstruyendo el ministerio de los ángeles.

Solamente al recibir a aquellos que Dios pone sobre nosotros, podemos tener a nuestra disposición todo el ministerio de las huestes.

Veamos dos historias que ilustrarán el cuidado de Dios por sus líderes escogidos por medio de la intervención de ángeles. La primera historia nos cuenta cómo la oficina central de una misión entera fue protegida de cierta calamidad porque un hombre de Dios estaba ahí para servir.

El reverendo John G. Paton, misionero pionero en las islas Nuevas Hébridas, relató una historia emocionante que hablaba del cuidado protector de los ángeles. Una noche, los nativos hostiles rodearon las oficinas centrales de su misión, con la intención de quemar y asesinar a los Paton. John Paton y su esposa oraron durante esa aterradora noche para que Dios los librara. Cuando amaneció, ellos se asombraron al ver que inexplicablemente, los agresores se habían marchado. Agradecieron a Dios por haberlos librado.

Un año después, el jefe de la tribu se convirtió a Jesucristo, y el Sr. Paton, al recordar lo sucedido, le preguntó al jefe qué lo detuvo a él y a sus hombres de quemar la casa y asesinarlos. El jefe respondió con sorpresa: "¿Quiénes eran todos esos hombres que estaban ahí con usted?" El misionero respondió: "No había hombres ahí, solamente mi esposa y yo". El jefe argumentó que habían visto muchos hombres vigilando, cientos de hombres altos con vestidos resplandecientes, con espadas desenvainadas en sus manos. Parecían rodear la estación de la misión para que los nativos temieran atacarla. Fue entonces que el Sr. Paton se dio cuenta de que Dios había enviado a sus ángeles para protegerlos. El jefe admitió que no había otra explicación.[4]

Un misionero que había venido a casa para tomar un pequeño descanso, compartió esta historia en su iglesia en Michigan:

Mientras estaba de servicio en un pequeño hospital rural en África, viajaba en bicicleta cada dos semanas por la selva para recoger suministros en una ciudad cercana. Este era un viaje de dos días, y necesitaba acampar durante la noche a la mitad del camino. En uno de estos viajes, llegué a la ciudad en la que planeaba cobrar mi dinero de un banco, comprar medicina y suministros, y después comenzar mi viaje de dos días de vuelta al hospital rural.

Al llegar a la ciudad, vi a dos hombres pelando, uno de los cuales estaba gravemente herido. Le di tratamiento a sus heridas y al mismo tiempo le hablé del Señor. Después hice el viaje de dos días, acampando durante la noche, y llegué a casa sin incidente alguno.

Dos semanas después repetí mi viaje. Al llegar a la ciudad, me alcanzó el joven que había tratado. Me dijo que sabía que yo llevaba dinero y medicinas. Dijo: "Unos amigos y yo lo seguimos en la selva, sabiendo que acamparía de noche. Planeamos asesinarlo y tomar su dinero y los medicamentos, pero cuando estábamos a punto de entrar en su campamento, vimos que veintiséis guardias armados lo rodeaban". Al escucharlo, reí y dije que yo estaba solo en aquel campamento en la selva.

Sin embargo, el joven insistió y dijo: "No señor, no fui la única persona que vio a los guardias; mis amigos también los vieron y todos los contamos. Fue por esos guardias que temimos y lo dejamos solo".

En este punto del sermón, uno de los hombres de la congregación se levantó de un salto, interrumpió al misionero y le preguntó qué día había sucedido esto. El misionero dijo a la congregación la fecha, y el hombre que había interrumpido relató su historia.

"La noche de su incidente en África, aquí era de mañana y yo me estaba preparando para ir a jugar golf. Estaba a punto de golpear la bola cuando sentí el impulso de orar por usted. De hecho, el impulso del Señor fue tan fuerte, que llamé a algunos hombres de la iglesia para reunirse conmigo aquí en el santuario para orar por usted. ¿Podrían ponerse de pie los hombres que se reunieron conmigo ese día?".

Los hombres que se habían reunido para orar ese día se pusieron de pie. El misionero no estaba preocupado en saber quiénes eran; él estaba muy ocupado contando cuántos veía. Eran veintiséis hombres.[5]

Estas historias muestran claramente que cuando recibimos a los hombres y mujeres de Dios, recibimos a los ángeles que les fueron asignados. Esos ángeles que acompañan, son soltados en la comunidad que el huésped visita; ahí, ellos pelean con las fuerzas gobernantes del enemigo y liberan los milagros de Dios. Solamente al recibir a aquellos que Dios pone sobre nosotros, podemos tener a nuestra disposición todo el ministerio de las huestes.

A medida que la fe aumente y la Iglesia se mueva en el poder del Reino, nuestros aliados angelicales nos ayudarán a tomar el dominio de nuestras comunidades y naciones.

Incluso la comunidad de negocios puede ir de pérdidas a ganancias al recibir a los servidores de Dios y a sus ayudantes angelicales. Fue interesante ver que en las elecciones de 2008, la caída financiera y la pérdida de ganancias en Estados Unidos sucedió cuando los medios y la Izquierda se mofaron de la fe de Sarah Palin. *Newsweek* se burló de sus expresiones carismáticas y los medios se rieron. Los ángeles de la generación de riqueza fueron ofendidos cuando no se respetó a esta mujer de Dios. Usted puede observar la pérdida de ganancias en la bolsa de valores a partir de la burla de su fe carismática. Los ángeles fueron ofendidos y los negocios cayeron (consulte Hebreos 13:2, 17).

LOS ÁNGELES Y EL AVIVAMIENTO

Las huestes celestiales pueden moverse a favor de las naciones occidentales de nuevo, solamente si respetamos a los líderes espirituales que Dios envía. Cuando esto suceda, los ángeles vendrán con fuego para limpiar y reavivar nuestra vida espiritual. Esto tendrá como consecuencia la liberación de poderes y recursos sobrenaturales. Hebreos 1:7 declara que los ángeles son llamas de fuego. El fuego del Espíritu es fuego angelical liberado para hacer obras poderosas en la tierra. (Incluso hablar en lenguas es llamado en las Escrituras "lenguas angélicas", como lo vemos en 1 Corintios 13:1). A medida que la fe aumente y la Iglesia se mueva en el poder del Reino, nuestros aliados angelicales nos ayudarán a tomar el dominio de nuestras comunidades y naciones. Activemos a nuestros ángeles haciendo del Reino de Dios nuestra prioridad. Dios llevará a los ángeles a nuestra dimensión al movernos en el poder del Espíritu Santo.

Sección Cuatro

CUANDO LOS ÁNGELES VINDICAN

Capítulo Dieciséis

LOS ÁNGELES EJECUTAN la IRA de DIOS

Dios ya ha anunciado la victoria y ha establecido su plan de guerra por escrito en su Palabra, específicamente en el libro de Apocalipsis. Al hojear las páginas de Apocalipsis, puede ver la actividad angelical en cada una de ellas.

L A ACTIVIDAD ANGELICAL estalla en las poderosas épocas del Reino de Dios. Como hemos visto, los ángeles cantaron y gritaron cuando Dios hizo la creación de la nada. Los ángeles llevaron la gloria de Dios con una Judá que se había deslizado a la cautividad babilónica. Los ángeles cubrieron al pueblo antiguo de Dios durante su cautividad. Los ángeles recibieron al Mesías en lo alto de los campos de Belén, con un espectáculo de luz y sonido nunca visto después de la creación. Lamentablemente, los mismos ángeles que inauguraron nuestro planeta y que han cuidado su destino, también desatarán los juicios que están por venir.

LA IRA DE DIOS COMPLETAMENTE DESATADA

El último libro de la Biblia, registra dos fenómenos que se intensifican al mismo tiempo. La adoración se intensifica en un punto culminante tan poderoso que sacude toda la creación. En cambio, las guerras y las catástrofes se intensifican. Dios juzgará cada sistema humano fracasado y después a cada ser humano que no esté en Cristo. La actividad angelical al juzgar a las naciones y en tiempos de guerra es evidente en la Escritura y en la historia. En 1 Crónicas 21, un ángel extendió su espada sobre Jerusalén, y 70,000 hombres de Israel murieron en una plaga. Los ángeles anunciaron el juicio sobre Sodoma y Gomorra en Génesis 19. En 2 Reyes 19, Ezequías oró y un ángel guerrero asesinó a 185,000 asirios, frustrando la ocupación de Israel. En Hechos 12, un ángel abatió al rey Herodes por su orgullo. Será en la próxima vida cuando entendamos cuántas carreras de dictadores, presidentes, reyes, jeques y primeros ministros han sido afectadas por los ángeles. Además, sabremos cuántas batallas fueron ganadas o perdidas por manos de aliados angelicales. Posiblemente será entonces cuando entenderemos la intervención angelical que ha influido en las naciones.

Los ángeles derribarán falsas religiones, y son los ángeles quienes traerán juicio a la gran ramera.

Todos estos juicios palidecen en comparación con el escenario de los últimos tiempos en Apocalipsis. Los ángeles son ejecutores de la ira de Dios en la tierra maldita. Cuando hojeamos el libro de Apocalipsis, hay una explosión de actividad angelical como nunca antes se ha visto en el planeta Tierra. En los primeros tres capítulos, los ángeles son asignados a la Iglesia y están activos comunicando la voluntad de Dios. En Apocalipsis capítulos 4 y 5, los ángeles reúnen a toda la creación en el servicio de alabanza más majestuoso alguna vez armado.

Después de esa fenomenal alabanza, los ángeles comienzan a tocar trompetas que provocan espantosos juicios en el planeta. Siguiendo la lectura en Apocalipsis 6, vemos el horror de guerras, hambrunas, plagas y desastres naturales que toman una tercera parte de la población humana de la tierra. De modo interesante, a la sexta trompeta, los ángeles del juicio atados en el río Éufrates, son liberados para asesinar a un tercio de la población humana mencionada anteriormente. Sí, desde Irak, la antigua Babilonia, fluirá un horrendo derramamiento de sangre en la Tierra.

Continuando por las páginas de Apocalipsis, podemos ver una extrema intensificación. Los capítulos 15 y 16 de Apocalipsis registran el derramamiento de siete copas de ira sobre la tierra. Imágenes tales como el río de sangre generado por acciones angélicas, son aterradoras. Los ángeles derribarán falsas religiones, y son los ángeles quienes traerán juicio a la gran ramera de Apocalipsis 17:1–2: "Vino entonces uno de los siete ángeles que tenían las siete copas, y habló conmigo diciéndome: Ven acá, y te mostraré la sentencia contra la gran ramera, la que está sentada sobre muchas aguas; con la cual han fornicado los reyes de la tierra, y los moradores de la tierra se han embriagado con el vino de su fornicación".

Los ángeles anuncian el colapso de Wall Street y todos los demás mercados mundiales. El temor que se apoderó de nuestra nación en estas temporadas actuales de recesión y depresión no es nada en comparación con aquella hora final.

> Después de esto vi a otro ángel descender del cielo con gran poder; y la tierra fue alumbrada con su gloria. Y clamó con voz potente, diciendo: Ha caído la gran Babilonia, y se ha hecho habitación de demonios y guarida de todo espíritu inmundo, y albergue de toda ave inmunda y aborrecible. Porque todas las naciones han bebido del vino del furor de su fornicación; y los reyes de la tierra han fornicado con ella, y los mercaderes de la tierra se han enriquecido de la potencia de sus deleites. Y oí otra voz del cielo, que decía: Salid de ella, pueblo mío, para que no seáis partícipes de sus pecados, ni recibáis parte de sus plagas.
>
> —Apocalipsis 18:1–4

Toda la avaricia, el robo y el lujo serán derribados por los ángeles de Dios.

Abandone para siempre la idea de que los ángeles son pequeñas criaturas efervescentes revoloteando por ahí. ¡Los ángeles son poderosos guerreros y en los últimos días ejecutarán la ira de Dios sin misericordia!

En las últimas páginas de Apocalipsis, los ángeles acompañan a nuestro Señor Jesús en su segunda venida. Las poderosas huestes celestiales que son guardias de su palacio, vienen a "barrer" con los adversarios restantes en la Tierra. Pablo describe la escena vívidamente: "Y a vosotros que sois atribulados, daros reposo con nosotros, cuando se manifieste el Señor Jesús desde el cielo con los ángeles de su poder, en llama de fuego, para dar retribución a los que no conocieron a Dios, ni obedecen al evangelio de nuestro Señor Jesucristo" (2 Tesalonicenses 1:7–8). El Señor vendrá con poderosos ángeles para terminar con el enemigo. Los ángeles cumplirán con la muerte del malvado.

Dios vengará a su pueblo en la revelación de Jesucristo. Nuestro Señor será revelado con sus "poderosos ángeles". La palabra *poderoso* se traduce como *dunamis,* que significa "poder explosivo". ¡Estos ángeles vendrán en *phlox pur,* o "fuego abrasador", para purificar el universo y castigar al malvado! Segunda de Tesalonicenses 1:9 dice que este castigo será que "sufrirán pena de eterna perdición, excluidos de la presencia del Señor y de la gloria de su poder".

Entonces Satanás será capturado y contenido por un ángel poderoso.

> Vi a un ángel que descendía del cielo, con la llave del abismo, y una gran cadena en la mano. Y prendió al dragón, la serpiente antigua, que es el diablo y Satanás, y lo ató por mil años; y lo arrojó al abismo, y lo encerró, y puso su sello sobre él, para que no engañase más a las naciones, hasta que fuesen cumplidos mil años; y después de esto debe ser desatado por un poco de tiempo [...] Y el diablo que los engañaba fue lanzado en el lago de fuego y azufre, donde estaban la bestia y el falso profeta; y serán atormentados día y noche por los siglos de los siglos.
>
> —Apocalipsis 20:1–3,10

¡Todos los que no fueron salvos serán echados al infierno por los ángeles! Abandone la idea de que los ángeles son pequeñas criaturas efervescentes revoloteando por ahí. ¡Los ángeles son poderosos guerreros, y en los últimos días ejecutarán la ira de Dios sin misericordia!

Finalmente, los ángeles anunciarán el rapto de la iglesia. Nuestro glorioso traslado quitará la restricción final y Dios desatará el juicio final: "Porque el Señor mismo con voz de mando, con voz de arcángel, y con trompeta de Dios, descenderá del cielo; y los muertos en Cristo resucitarán primero" (1 Tesalonicenses 4:16).

ÁNGELES ENTONAN UN CANTO DE LOS DESASTRES DE LOS ÚLTIMOS TIEMPOS

Una prueba más de la actividad angelical en los últimos días, es la historia de un misionero a la China que habla acerca de la advertencia de los desastres de los últimos tiempos por parte de los ángeles, mediante creyentes chinos rurales que cantaban en el Espíritu durante un servicio de adoración en 1995. El relato es el siguiente:

> Toda la provincia de Shandong, en el este de China (población: 57 millones), está en medio de un avivamiento histórico. Por temor de ser arrestados los creyentes se reúnen en iglesias de hogar, a menudo a la luz de velas. En una reunión en Shandong, en 1995, todos cantaban juntos "en el Espíritu" (1 Corintios 14:15), no en su propio idioma, sino "según el Espíritu les daba que hablasen", todos en armonía, pero cantando diferentes palabras.
>
> Alguien grabó la reunión. ¡Más tarde, cuando escucharon la cinta, se impactaron! ¡Lo que escucharon no fue para nada lo que sucedió en ese lugar, sino el sonido de ángeles cantando en mandarín, una canción que nunca antes habían escuchado, y con un acompañamiento musical que no había estado ahí! Cuando mi amigo escuchó por primera vez la cinta, antes de que alguien le dijera lo que era, él exclamó: "¡Esos son ángeles!". En realidad no había otra explicación. Un colaborador cristiano chino

tradujo la cinta. ¡Al reverso se encuentran las palabras reales cantadas por los ángeles! Observe que las palabras expresan ideas con las que estos campesinos rurales chinos no estaban familiarizados.

El final se acerca: rescaten las almas

El hambre está aumentando y se está agudizando. Hay más terremotos. La situación se está volviendo más siniestra. La gente pelea mutuamente, naciones contra naciones. Los desastres son cada vez más severos.

Todo el ambiente se está deteriorando. Los desastres son cada vez más severos. El corazón de la gente es malvado y ellos no adoran al verdadero Dios. Los desastres son cada vez más severos.

Las inundaciones y sequías son cada vez más frecuentes. Hay cada vez más homosexualidad y enfermedades incurables. Los desastres son cada vez más severos.

El clima se vuelve cada vez más anormal. La tierra está cada vez más inquieta. Los cielos se han roto. La atmósfera se ha deformado. Los desastres son cada vez más severos.

Coro

El fin se acerca. La revelación del amor se ha manifestado. Levántense, levántense, rescaten almas. El final se acerca. Levántense, leván-tense, rescaten almas.[1]

LA IRA DE DIOS CONTRA SATANÁS FUE LIBERADA EN LA CRUZ

Aunque he mostrado a través de las Escrituras sucesos de la vida real de guerras y catástrofes aumentando hacia los últimos tiempos, permítame aclarar que todos los espíritus demoniacos ya han sido vencidos. En la cruz y la tumba vacía, Cristo ganó una victoria transdimensional y cósmica sobre todas las fuerzas de la oscuridad. La Biblia afirma esta verdad. En la ascensión Jesús reclamó completa autoridad sobre el cielo y tierra: "Y Jesús se acercó y les habló diciendo: Toda potestad me es dada en el cielo y en la tierra" (Mateo 28:18).

En una muestra cósmica de poder, Jesús despojó a las fuerzas de la oscuridad de sus derechos y autoridad: "Anulando el acta de los decretos que había contra nosotros, que nos era contraria, quitándola de en medio y clavándola en la cruz, y despojando a los principados y a las potestades, los exhibió públicamente, triunfando sobre ellos en la cruz" (Colosenses 2:14–15).

Él destruyó la amenaza de muerte del enemigo y su derecho de tener cautivos a aquellos que vienen a Cristo: "Así que, por cuanto los hijos participaron de carne y sangre, él también participó de lo mismo, para destruir por medio de la muerte al que tenía el imperio de la muerte, esto es, al diablo, y librar a todos los que por el temor de la muerte estaban durante toda la vida sujetos a servidumbre" (Hebreos 2:14–15).

Todas las fuerzas de la oscuridad están sujetas a Jesús. Como hemos visto, Jesús las ha vencido todas en el mundo eterno; estamos aquí para cumplir la victoria que ya hemos obtenido. "Quien habiendo subido al cielo está a la diestra de Dios; y a él están sujetos ángeles, autoridades y potestades" (1 Pedro 3:22).

El enemigo está sujeto a Jesús, pero no sujeto a aquellos que no son seguidores de Cristo.

Aunque la batalla está ganada, debemos hacer cumplir la victoria de Cristo. Una de las razones por las cuales el enemigo está aquí, es para entrenar seguidores para el mundo futuro. Más aun, el enemigo está aquí para que usted lo venza y muestre la sabiduría de Dios al salvarlo a usted (consulte el capítulo 6).

¡Tenemos el privilegio de pelear junto con nuestros aliados angelicales que cumplen la victoria ya obtenida!

En la historia existe un ejemplo que puede ayudarlo a entender este concepto. La guerra de 1812 había terminado y los acuerdos de paz ya se habían firmado cuando se peleó la Batalla de Nueva Orleans. Andrew Jackson llevó al ejército a una gran victoria en Nueva Orleans, sin embargo, una de las más grandes batallas del siglo no sirvió para nada más que para hacer a Andrew Jackson presidente.

De la misma manera, nuestra victoria fue ganada por Jesucristo en la cruz y en la tumba vacía. Aun así, como en la Guerra de 1812 y la Batalla de Nueva Orleans, todavía estamos en una batalla, aunque la guerra haya sido ganada. ¡No obstante, en esta batalla tenemos el privilegio de pelear junto con nuestros aliados angelicales para cumplir la victoria ya obtenida!

La guerra ya ha sido ganada, pero estamos en la última cuenta regresiva para su final. Las Escrituras son muy claras acerca de las acciones angelicales y el final de la era, especialmente en el libro de Apocalipsis, que al hojear sus páginas, se puede ver la actividad angelical en cada una de ellas. Podemos confiar en nuestro Dios quien ya ha anunciado la victoria y ha establecido su plan de guerra por escrito en su Palabra.

Capítulo Diecisiete

LOS ÁNGELES

ESCOLTAN
a los CREYENTES *a* CASA

Oh, venga grupo de ángeles, vengan y
permanezcan a mi alrededor; Levántenme en
sus nevosas alas Hacia mi eterna morada.

AL ACERCARNOS AL final de este libro, permítanos
rastrear el ministerio de los ángeles a lo largo
de la vida del creyente hasta el momento de su
muerte. Para darle sentido al comportamiento de los ángeles,
debemos recordar que ellos tienen mucha curiosidad por la
humanidad. ¡Sus ojos están puestos en usted! Los ángeles

son criaturas curiosas en lo que se refiere al género humano y en lo referente a la salvación.

LOS ÁNGELES Y LOS JOVENCITOS

A lo largo de la vida, existen ángeles vigilantes a un pensamiento de distancia. Cuando usted nació, un ángel fue asignado para estar con usted: "Mirad que no menospreciéis a uno de estos pequeños; porque os digo que sus ángeles en los cielos ven siempre el rostro de mi Padre que está en los cielos" (Mateo 18:10).

Los ángeles tienen acceso al Padre cara a cara a favor de los pequeños. Estos ángeles no son llamados ángeles guardianes. Los ángeles en efecto cuidan a los creyentes, pero la idea de que los ángeles vigilan a los niñitos no es bíblica, y no cuadra con el abuso y la muerte de los pequeños a nuestro alrededor. Los ángeles transportan las almas de los menores de edad a la gloria.

> Cuando el edificio Alfred P. Murrah fue bombardeado el 19 de abril de 1995, fue una tragedia más allá de lo creíble. No obstante, Bill y Kathyn Brunk lloraron las muertes, especialmente la muerte de tantos niños de la guardería.
>
> Entonces, una noche mientras hablaban, Bill se detuvo de pronto en medio de una frase y cerró sus ojos mientras tenía una asombrosa visión. Después de lo que pareció varios minutos, abrió sus ojos e intentó hablar, pero al principio no podía pronunciar palabra.

Finalmente dijo: "Kathryn, acabo de ver el edificio Murrah. Fue justo después de que la bomba explotara. Había ángeles en todos lados cuidando con ternura a las víctimas. Muchos de los ángeles iban ya en pareja con aquellos por los que habían ido y se dirigían al cielo. Fue tan hermoso. Kathryn, sé que si pudieras pintar lo que acabo de ver, eso ayudaría a quienes han perdido a sus seres queridos". Aun meditando en sus palabras, al día siguiente Kathryn se encontró con una vieja amiga que no había visto en cuatro años. Anita, una mujer de negocios tranquila y conservadora, tenía cierto aire de emoción ese día. Kathryn se asombró al saber que durante un periodo de tres días, Anita había visto cientos de ángeles cubriendo el edificio Murrah en varias visiones.

"La más grande concentración de ángeles fue en la esquina inferior (donde estaban los niños de la guardería) —explicó Anita—. Pero también volaban sobre los enjambres de oficinas. Muchos ángeles seguían llegando, pero algunos ya habían reunido a sus seres queridos y habían partido a casa. El cielo estaba en la cima y se volvía cada vez más brillante entre más alto volaban. ¡Era hermoso!".

Anita continuó: "Al siguiente día, la visión regresó, pero esta vez eran menos ángeles (posiblemente 50 o 60). Al tercer día la visión regresó, pero solamente había 6 ángeles".

"Sé que recibí estas visiones con un propósito —dijo Anita—. Al orar, viniste a mi mente.

Temía que mi mente perdiera la intensidad de la visión y no quería perderme un solo detalle".

Las descripciones que Anita le hizo a Kathryn detallaban zonas específicas del edificio y cómo los ángeles cargaban a los preciosos seres queridos hacia el cielo. Para confirmar lo que Anita había visto, Kathryn le contó la visión de Bill. Ni Anita ni Bill habían experimentado a Dios trabajando de esta manera antes.

Emocionada y atemorizada, Kathryn comenzó a esbozar la escena. Más tarde en su estudio, Kathryn pintó las visiones.

"En todo el proyecto permanecí orando continuamente, pidiéndole a Dios que guiara mi obra —dijo Kathryn—. Dios hizo todo lo posible para darnos una imagen visible de su tremendo amor y cuidado. Me siento agradecida de que me permitiera simplemente sostener los pinceles".

Buscando transmitir la ternura y gloria de los mensajeros celestiales de Dios, Kathryn utilizó un método creativo que consistía en sobreponer pintura reflectante sobre el óleo. Esto permite que la actividad angelical se vea cuando se acerca luz brillante al lienzo. "Para ver dentro del reino espiritual —dice Kathryn—, debemos ser portadores de luz".

Los dos lienzos grandes de Kathryn, han sido expuestos en varias reuniones. Uno muestra a un bombero cargando al bebé Baylee y muestra la primera mirada del bebé hacia Dios. La otra pintura se llama *Beauty for Ashes* [Belleza en lugar de ceniza].[1]

Los ángeles cuidan el alma eterna de un niño antes de que él o ella alcancen la edad de madurez, que es un término usado para describir la edad en la que un niño puede tomar la decisión responsable de tener una relación personal con Dios. Jesús habla de este cuidado angelical en Mateo 18:10: "Mirad que no menospreciéis a uno de estos pequeños; porque os digo que sus ángeles en los cielos ven siempre el rostro de mi Padre que está en los cielos".

Estas visiones, como fueron vistas por Bill y Kathryn Brunk y por Anita, cuadran con las Escrituras. Vemos en el Nuevo Testamento, en el evangelio de Lucas, que los ángeles realmente transportan las almas de aquellos que han muerto hacia el cielo. "Aconteció que murió el mendigo, y fue llevado por los ángeles al seno de Abraham" (Lucas 16:22). Los ángeles son asignados para cuidar que los niños lleguen a la gloria.

LOS ÁNGELES EN EL MOMENTO DE LA CONVERSIÓN

Los ángeles observan cuando usted viene a Cristo. En la dimensión celestial ellos lo ven llorar hacia Jesús, confiando solamente en su preciosa sangre y su resurrección que nos dio vida. Los ángeles estallan en alabanza cada vez que alguien viene a la fe en Jesús. Lucas 15:10 dice: "Así os digo que hay gozo delante de los ángeles de Dios por un pecador que se arrepiente". Sus ángeles conducen a la gran compañía de ángeles a danzar, cantar y gritar por su nuevo nacimiento.

Los ángeles se asombran por su vida cuando usted crece y es cambiado por el Evangelio: "A éstos se les reveló que no para sí mismos, sino para nosotros, administraban las cosas que ahora os son anunciadas por los que os han predicado el evangelio por el Espíritu Santo enviado del cielo; cosas en las cuales anhelan mirar los ángeles." (1 Pedro 1:12). ¿No es esto maravilloso?

Los ángeles cuidan el alma eterna de un niño antes de que él o ella alcancen la edad de madurez.

Charlie Carty explica cómo los ángeles juegan un papel importante en la experiencia de conversión:

> (Un domingo) mi esposa iba a ser bautizada en nuestra iglesia local a la cual asistíamos. Yo nunca había sido bautizado y no estaba seguro de hacerlo. Aquel día en que ella iba a hacer su confesión de fe y aceptar al Señor, llegamos a la iglesia, yo conduje hacia la iglesia, pero había decidido que no estaba listo aún. Cuando llegamos a la iglesia, la dejé en la puerta y yo estaba estacionando el coche, cuando sentí que alguien estaba conmigo.
>
> Sentí una mano en mi hombro, y en mi cabeza escuché la voz de mi ángel guardián diciendo: "Charlie, es tiempo de que hagas un

compromiso. Confía y apóyate en mí, y siempre estaré ahí contigo".

Me di cuenta de que era una voz que había escuchado antes en Vietnam. Me encontraba en mi motocicleta fuera de un negocio y estaba oscuro. Todavía estaba confundido y entré a la iglesia para el servicio. Cuando se hizo el llamado, mi esposa pasó al frente para confesar su fe, y yo, sentado ahí, sentí una presión en mi hombro y me encontré poniéndome de pie y yendo hacia el frente. Me hinqué en el reclinatorio junto a mi esposa y acepté a Jesús como mi Salvador.[2]

Charlie continúa su historia compartiendo más acerca de sus encuentros angelicales, pero una cosa es evidente: su ángel permaneció con él toda su vida para ver los planes y propósitos de Dios cumplidos el día que Charlie aceptó al Señor en su vida. ¡Qué fiesta debió haber en el cielo ese domingo en la mañana cuando Charlie y su esposa aceptaron a Jesús!

Los ángeles se desbordan en alabanza cada vez que alguien viene a la fe en Jesús.

LOS ÁNGELES ESTÁN CON NOSOTROS EN EL TRANSCURSO DE LA VIDA

Los ángeles dejan la dimensión celestial y van al otro lado para hacer por usted todo lo que sea necesario en el transcurso de su vida. Como ha visto en este libro, los ángeles dirigen, protegen, fortalecen, animan y traen favor, salud y provisión. Usted no puede comprender lo que llamamos "conatos", las veces en las que la mano de un ángel lo movió en el momento preciso. Nunca sabrá cuántas veces recibió un consejo y ayuda de lo que pensó ser extraños que en realidad fueron ángeles. "Permanezca el amor fraternal. No os olvidéis de la hospitalidad, porque por ella algunos, sin saberlo, hospedaron ángeles" (Hebreos 13:1–2).

Aquí tenemos un testimonio de ángeles que sucedió en Tennessee.

Le ocurrió después de media noche el 26 de marzo de 1993 a Vincent Tan, un químico analista que trabaja en Chattanooga. Este incidente fue investigado durante semanas y fue confirmado por dos líderes cristianos, por su pastor y, finalmente, por Vincent mismo. El siguiente es un recuento registrado con precisión:

Vincent nació en Tan Ban Soon en Singapur, y sus padres fueron budistas chinos. Algunos años atrás, en Singapur, cuando era niño, él estaba en la biblioteca leyendo un libro acerca de física nuclear y encontró un anuncio para un curso de Biblia pegado en algunas de las páginas. Solicitó el curso y después se hizo cristiano. Vino a Estados Unidos para ir a una universidad cristiana, y después adoptó el nombre occidental de Vincent. Después de cuatro años, se graduó en ciencias. Ha estado muy activo en su iglesia y compartiendo su fe.

La noche del jueves 25 de marzo de 1993, Vincent trabajaba tarde en su laboratorio para terminar exámenes que debía entregar el viernes. Durante la noche, movió su coche cerca de la puerta principal del edificio, ya que recientemente habían ocurrido actos criminales en la zona. De vez en cuando miraba por la ventana al estacionamiento casi vacío para ver su coche. A la 1:30 a.m. terminó de trabajar en su laboratorio. Cuando se preparaba para cerrar la puerta con llave, vio a una persona sentada del lado del copiloto en su coche. Vincent asumió que era un extraño intentado robar su coche. Pudo ver que el extraño era de complexión mediana, pulcro, lacio y vestía una camiseta, pantalones de mezclilla azules y zapatillas deportivas blancas. Sin saber qué hacer, regresó al laboratorio y oró: "Señor, ayúdame a hacer lo que tenga que hacer. ¿Debo usar el chi-sao?". Chi-sao (que se pronuncia "chi-sau"), es una forma de arte marcial que Vincent dominaba.

Para asegurarse completamente, miró alrededor del laboratorio y tomó una barra de metal de 45 centímetros; la sujetó detrás suyo y salió rápidamente. Dijo: "Hola, ¿puedo ayudarte?".

El extraño respondió: "Hola Vincent".

Asustado, Vincent preguntó: "¿Te conozco?"

El extraño respondió: "En realidad no".

"¿Cómo te llamas? ¿Quién eres?", Vincent inquirió.

El extraño dijo: "Tengo el nombre de tus escuelas primaria y secundaria". Añadió: "Soy un amigo. No necesitas utilizar chi-sao o la barra conmigo".

Su voz tenía una autoridad poco común, y parecía saber la pregunta antes de hacérsela. Ahora Vincent estaba realmente asustado. Nadie, ni siquiera su mejor amigo en el país conocía el chi-sao, y ninguno sabía que él lo practicaba. Además, no había manera en que el extraño pudiera haber visto la barra en su espalda.

Después Vincent pensó en que el extraño utilizó la terminología ("escuelas primaria y secundaria") de Singapur y no de Estados Unidos, y el nombre de su escuela en Singapur era San Gabriel. ¡El extraño estaba diciendo que su nombre era Gabriel!

"¿Cómo lo sabes?", Vincent preguntó.

"Lo sé —respondió el extraño—. Por cierto, tu mami está bien".

Vincent se asustó de nuevo. Justo la semana anterior, su hermana había llamado desde Singapur diciendo que su madre tenía complicaciones cardiacas, y Vincent había estado muy preocupado por ella.

Gabriel continuó: "Tu amas mucho al Señor, ¿o no?".

"Así es", respondió Vincent.

"Él también te ama mucho", dijo Gabriel.

Después añadió: "Él viene muy, muy pronto". Pareció enfatizar el "muy pronto".

Vincent respondió: "¡Qué bien!"

Gabriel preguntó entonces: "¿Me das un vaso de agua?".

Vincent dijo: "Claro", y se volteó un momento para llevarle agua. Entonces decidió invitar al extraño para tomar agua del bebedero. Volteó de nuevo para invitarlo a entrar, pero Gabriel ya no estaba ahí. ¡Había desaparecido de pronto inexplicablemente! Vincent no había volteado más de tres segundos.

No había lugar a donde pudiera haber ido. Desconcertado, y sin querer regresar al laboratorio, Vincent puso la barra de metal junto a la puerta principal y se fue a casa, fuera de Chattanooga. Cuando regresó a trabajar aquella mañana, se preguntó si habría soñado toda la experiencia. Como científico, él quería probar si en realidad había sucedido. Cuando llegó al edificio, encontró la barra de metal junto a la puerta, justo donde la había dejado. Supo que no había soñado. Después de entrar en el laboratorio, lo primero que hizo fue encerrarse en el servicio e hincarse en oración. "Muéstrame qué hacer Señor. Sé lo que recuerdo. Si se supone que he de compartirlo, debo creerme", Vincent suplicó. Entonces se sentó en su computadora y registró cada palabra dicha y todo lo que había sucedido.

Esa noche, el 26 de marzo de 1993, en un sueño Vincent volvió a vivir toda la experiencia, viéndose a sí mismo y escuchando cada palabra de la conversación. Despertó cerca de las 3:30 a.m. Y escribió cada palabra en el sueño y la descripción del extraño. Lo que escribió del sueño confirmaba cada detalle que había escrito antes. ¡Además, una semana después de la experiencia, supo que su madre había recibido la cirugía que necesitaba y se estaba recuperando muy bien; y que el diagnóstico del médico acerca de su mejoría había sido dado una semana antes, aproximadamente a la misma hora en la que estaba hablando con Gabriel!

El 29 de julio de 1993, le preguntaron a Vincent el efecto que esa experiencia había provocado en él. Dijo que cree más fuertemente ahora que debemos estar listos cada día para la llegada del Señor, y no preocuparnos por el día en el que vendrá. Dijo que la experiencia ha intensificado su dedicación, llevándolo a pasar más tiempo en su devocional que antes, esperando saber más de Dios y estar más cerca de Él. Durante algún tiempo, incluso antes de esta experiencia, Vincent dijo que había estado preguntándole a Dios: "¿Estoy listo ahora?". Ahora, como nunca antes, este escritor hace la misma pregunta.[3]

Los ángeles lo vigilan mientras cumple los propósitos de su vida, y sus logros son una visión espectacular para los ángeles. No se equivoque, su vida está siendo vista todo el tiempo. Puede esconder de los hombres las acciones indebidas de su vida, pero Dios y los ángeles lo ven en todo momento.

Te encarezco delante de Dios y del Señor Jesucristo, y de sus ángeles escogidos, que guardes estas cosas sin prejuicios, no haciendo nada con parcialidad. No impongas con ligereza las manos a ninguno, ni participes en pecados ajenos. Consérvate puro.

—1 Timoteo 5:21–22

Los santos ángeles ven nuestras acciones, y Dios ve las intenciones de nuestro corazón. Nos advierte que nos guardemos del pecado, pero también del prejuicio y de las actitudes frívolas hacia otros.

Nunca sabrá cuántas veces recibió un consejo y ayuda de lo que pensó ser extraños que en realidad fueron ángeles.

Nuestras responsabilidades solemnes ante Dios también son observadas por los ángeles. Es probable que los ángeles sean agentes de amonestación y corrección cuando no podemos obedecer los cargos que el cielo nos ha impuesto.

E indiscutiblemente, grande es el misterio de la piedad: Dios fue manifestado en carne, justificado en el Espíritu, visto de los ángeles, predicado a los gentiles, creído en el mundo, recibido arriba en gloria.

—1 Timoteo 3:16

Los ángeles son parte de la maravilla, el misterio y la majestad de la experiencia cristiana.

Los ángeles y los creyentes bautizados en el Espíritu Santo

El ministerio angelical opera en la vida de todos los creyentes. Aquellos que reciben el bautismo del Espíritu Santo, pueden tener una relación más profunda con los ángeles. El don del Espíritu Santo es claramente un anticipo de la vida celestial venidera. Efesios 1:14 dice que son "las arras de nuestra herencia hasta la redención de la posesión adquirida, para alabanza de su gloria". Por lo tanto, existen algunos elementos comunes entre los ángeles y las personas llenas del Espíritu.

Una evidencia de la llenura del Espíritu es hablar en lenguas. Hablar en lenguas, es algo que compartimos en común con los ángeles. Pablo describe claramente la extática experiencia de oración como "lenguas angélicas". Existen lenguas habladas por los ángeles y que el Espíritu Santo les da a los creyentes para intercesión, alabanza y fortalecimiento. Las lenguas edifican y fortalecen al creyente: "Si yo hablase lenguas humanas y angélicas, y no tengo amor, vengo a ser como metal que resuena, o címbalo que retiñe" (1 Corintios 13:1). Observe la palabra *lenguas* en plural, eso significa que existe una variedad de dialectos en este don especial. Posiblemente las "lenguas como de fuego" vistas sobre los apóstoles el día de Pentecostés, fueron manifestaciones angelicales (consulte Hechos 2:1–4).

> Ciertamente de los ángeles dice: el que hace a sus ángeles espíritus, y a sus ministros llama de fuego.
>
> —Hebreos 1:7

De igual manera debemos recordar que los demonios son ángeles caídos que tienen las mismas habilidades lingüísticas. Por lo tanto, los falsificadores deben ser expuestos y evitados: "Porque es posible que los que una vez fueron iluminados y gustaron del don celestial, y fueron hechos partícipes del Espíritu Santo" (Hebreos 6:4).

Podemos hablar lenguas angélicas y podemos disfrutar su provisión celestial. ¿Qué es el alimento de los ángeles? No estamos hablando acerca de un pastel blanco, ligero y esponjoso, aunque algunos lo puedan describir como celestial. ¡El maná que cayó de los cielos y alimentó al pueblo de Israel en el desierto, era comida de ángeles! Salmos 78:24–25 (NVI) dice: "Hizo que les lloviera maná, para que comieran; pan del cielo les dio a comer. Todos ellos comieron pan de ángeles; Dios les envió comida hasta saciarlos". Claramente los ángeles proporcionaron esta comida. Los ángeles nos ayudarán a mantenernos como creyentes en nuestra travesía a lo largo de las dificultades de la vida. Puede ser que no caiga maná del cielo, pero la provisión milagrosa es cotidiana para aquellos que caminan en el poder del Espíritu Santo.

El don del Espíritu Santo es claramente un anticipo de la vida celestial venidera.

LOS ÁNGELES AL FINAL DE LA VIDA

En Lucas 16:20–22, vemos la prueba de que los ángeles se reúnen en el lecho de muerte de los creyentes. Cuando Lázaro el mendigo murió, los ángeles lo llevaron al otro lado: "Aconteció que murió el mendigo, y fue llevado por los ángeles al seno de Abraham" (versículo 22).

En otro ejemplo, la Sra. Margaret Lackey me compartió el relato de la muerte de su padre.

Fue difícil ver que el Parkinson cobraba la vida de Papa, el nombre que le dieron cuando llegó su primer nieto. Siempre había sido un hombre vibrante, ecuánime, bien vestido y galano. Cuando mi hermano Doyle y yo viajábamos a casa para ayudar a cuidarlo, veíamos su salud decaer. Cuando los temblores lo atacaban, nos preguntábamos: "¿Por qué alguien que tiene tanto que dar, tiene que sufrir de esta manera?".

Mi madre, cuya salud también estaba deteriorada, tenía un marcapaso, insuficiencia cardiaca congestiva y tres cirugías cardiacas, puso su propia salud en espera para asegurarse de que Papa recibiera el cuidado que necesitaba.

Durante cuarenta y nueve años sirvió como pastor de tiempo completo, difundiendo las Buenas Nuevas de Jesucristo. Sus mensajes traían esperanza y seguridad para los que escuchaban que "el camino de la cruz lleva a casa". Él peleó con el Parkinson durante once años, y aun así no expresó ira ni amargura. Cuando otros se quejaban en su lugar, a menudo decía: "Jesús sufrió por mí".

El domingo 11 de junio de 2006, sucedieron nuestros peores temores. Mi madre nos llamó para decirnos que la deglución de Papa ya no funcionaba e iban camino al hospital. Él había escogido no tener tubo de alimentación, ni intravenosa, nada que lo mantuviera aquí cuando ese momento llegara. Cuando llegaron al hospital, le dijo al médico que estaba cansado y listo para ir a su hogar celestial. Y a su familia simplemente les pidió: "Por favor, déjenme partir ya".

Durante ocho días, familiares y amigos se reunieron alrededor de la cama de Papa. Uno por uno hablamos con él, compartimos recuerdos especiales, cantamos sus canciones favoritas, leímos sus Escrituras favoritas y oramos. Le agradecimos por ser un papá y un abuelo asombroso, un esposo amoroso de sesenta y un años, un querido hermano, un amigo especial, un buen vecino y un maravilloso mentor/pastor [...]

Durante aquellas horas finales, Papa miraba al techo en la esquina derecha del cuarto y, con una sonrisa que ni el dolor podía impedir, él hablaba y saludaba a los que veía, amigos y seres queridos que ya estaban al otro lado. En un punto le dijo a mi madre que Jesús estaba parado al pie de su cama. Una vez entré en su cuarto a altas horas de la madrugada, permanecí junto a su cama orando silenciosamente, agradeciéndole a Dios por él y por su vida. Le dije que lo amaba. Apretó mi mano, después levantó su cabeza, miró hacia arriba y saludó como si viera a alguien que apreciaba y que no había visto largo tiempo. Curioso por su entusiasmo repentino, le pregunté: "Papá, ¿quién es?".

"¡Son ángeles!", dijo.

No los vi, pero sentí su presencia en la habitación, una maravillosa presencia que llenó la habitación y mi corazón, un momento que atesoraré para siempre.

A las 6:00 p.m., el lunes 19 de junio, familia, amigos, pastores, enfermeros y "ángeles" cuidadores, se reunieron en la habitación de Papa, rodeándolo de amor y respeto. Juntos oramos el Padrenuestro, citamos el Salmo veintitrés, y entonamos cantos de consuelo y alabanza. Al cantar "Cuan grande es Él", su corazón de oro dejó de latir, y Papa, en silencio y en paz, dejó esta tierra y entró en las puertas del cielo. Parecía como si los presentes en la habitación también pudieran sentir el roce de las alas de los ángeles cuando lo condujeron fuera. Nunca olvidaremos la agridulce memoria de esa asombrosa experiencia, el día en que Papa se fue a casa, el día en que los ángeles vinieron por él.

Al principio de mi ministerio, una niña de nueve años fue atacada por una horrible enfermedad, el síndrome de Reye, el cual destruyó sus riñones y la dejó en estado de coma. Fue llevada de prisa de Gadsden, Alabama, a un hospital especial infantil en Birmingham, Alabama. La pequeña Kristy había sido salva pocos meses antes. Como su pastor, permanecí vigilante afuera de su cuarto en terapia intensiva. Me pidieron entrar y orar por ella. El cuarto era pequeño, y, sin embargo, había otras dos personas en su cuarto al final de su cama, vestidas de blanco. Cuando salí, hablé sobre los dos sujetos del personal médico en el cuarto. Sus padres me dijeron: "Pastor, no había nadie más en su cuarto". Todos regresamos al cuarto, pero ya no estaban, y tampoco estaba el espíritu de la pequeña. Los ángeles habían venido a llevarla a casa.

Si usted es cristiano, descanse, ninguna "huesuda" vendrá por usted. En lugar de ella, las huestes celestiales serán su escolta a casa.

¡LOS ÁNGELES ACOMPAÑARON A ELÍAS A CASA!

Estoy convencido de que no entraremos solos al valle de la muerte. Recuerde que los ángeles acompañaron a los creyentes en dos ocasiones en la Escritura. Una de las ocasiones más espectaculares se encuentra en 2 Reyes 2. Elías estaba al final de su ministerio y de su vida. Su aprendiz, Eliseo, iba junto a él cuando viajaron al lugar donde Elías sería llevado a estar con el Señor. Durante su última conversación en la tierra, sucedió el encuentro divino. Un carro de fuego con gente de a caballo entró y llevó a Elías de vuelta a la dimensión celestial.

> Viéndolo Eliseo, clamaba: ¡Padre mío, padre mío, carro de Israel y su gente de a caballo! Y nunca más le vio; y tomando sus vestidos, los rompió en dos partes.
>
> —2 Reyes 2:12

Si usted es cristiano, descanse, ninguna "huesuda" vendrá por usted. En lugar de ella, las huestes celestiales serán su escolta a casa.

He presenciado el ministerio angelical en el lecho de muerte de mucha gente a lo largo de mis más de cuarenta años como pastor. He aquí dos experiencias que permanecen vivas en mi memoria.

Yo era un predicador de diecinueve años en 1967, en Clanton, Alabama. Fui a ver a un pastor anciano a punto de morir, por petición de sus amigos. Cuando llegué, la enfermera intentaba mantenerlo en silencio.

"¿No lo ves?", dijo el predicador anciano.

"No —respondió la enfermera—, ¡no veo nada!".

"¡Ahí hay un ángel!", gritó el anciano.

"¡No veo nada!", dijo la enfermera.

Me miró y dijo: "Joven predicador, vea hacia la esquina; los carros de Dios han venido por mí".

Miré y vi un brillante resplandor. Le dije: "Veo un resplandor".

La enfermera nos dijo a ambos: "¡Están locos!".

El anciano gritó: "¡Han venido por mí!". Se recostó, sonrió y me dijo: "¿Conoces esta vieja canción?". Y comenzó a cantar:

O venga grupo de ángeles,
Vengan y permanezcan a mi alrededor;
Levántenme en sus nevosas alas
Hacia mi eterna morada.[4]

La segunda fue en el Hospital Bautista en Montgomery, cuando un hombre anciano estaba en terapia intensiva. Tenía ambas manos hacia arriba. Las enfermeras querían que se relajara. Entré a ayudar, y dije: "¿Qué hacen?".

Él me dijo: "¡Le estoy pidiendo a estos ángeles que me lleven arriba!".

Mire sobre el Jordán
Y, ¿qué vi?
Viniendo para llevarme a casa,
Un grupo de ángeles viniendo por mí,
Viniendo para llevarme a casa.[5]

Apéndice

CRISTO
ES *el* QUE
DEBE *ser* ADORADO
y NO LOS ÁNGELES

El Único que tiene el derecho de ser alabado es
el Señor Jesucristo. Él es Rey de los ángeles.

DURANTE SIGLOS, LA fascinación por los ángeles ha
llevado a algunos a la herejía de adorarlos. Aunque
los ángeles son reales y deben ser celebrados, nunca
deben ser venerados. En su carta a los Colosenses, Pablo nos
advierte evitar "dar culto a los ángeles" (Colosenses 2:18).

Al final de la Biblia, Juan se postra ante un ángel que rápidamente lo corrige diciendo: "Adora a Dios".

> Yo me postré a sus pies para adorarle. Y él me dijo: Mira, no lo hagas; yo soy consiervo tuyo, y de tus hermanos que retienen el testimonio de Jesús. Adora a Dios; porque el testimonio de Jesús es el espíritu de la profecía.
> —Apocalipsis 19:10

De todos los pasajes acerca de adoración angelical, Hebreos capítulo 1 hace las más cuidadosa declaración de la superioridad de Jesús sobre los ángeles. Tan gloriosos como son los ángeles, ellos no son iguales al Hijo de Dios. Siete pasajes del Antiguo Testamento son citados en Hebreos 1, para enfatizar la absoluta superioridad de Jesús sobre los ángeles.

1. "Mi hijo eres tú, yo te he engendrado hoy" (Hebreos 1:5; consulte Salmos 2:7).

2. "Yo seré a él Padre, y él me será a mí hijo" (Hebreos 1:5; consulte 2 Samuel 7:14).

3. "Adórenle todos los ángeles de Dios" (Hebreos 1:6; consulte Salmos 97:7).

4. "El que hace a sus ángeles espíritus, y a sus ministros llama de fuego" (Hebreos 1:7; consulte Salmos 104:4).

5. "Tu trono, oh Dios, por el siglo del siglo; centro de equidad es el cetro de tu reino. Has amado la justicia, y aborrecido la maldad, por

lo cual te ungió Dios, el Dios tuyo, con óleo
de alegría más que a tus compañeros" (Hebreos
1:8–9; consulte Salmos 45:6–7).

6. "Tú, oh Señor, en el principio fundaste la
   tierra, y los cielos son obra de tus manos. Ellos
   perecerán, mas tú permaneces; y todos ellos
   se envejecerán como una vestidura, y como
   un vestido los envolverás, y serán mudados;
   pero tú eres el mismo, y tus años no acabarán"
   (Hebreos 1:10–12; consulte Salmos 102:25–27).

7. "Siéntate a mi diestra, hasta que ponga a tus
   enemigos por estrado de tus pies" (Hebreos
   1:13; consulte Salmos 110:1).

Pablo escogió estas siete citas, sin duda para revelar la
gloria de Jesús, desde su cuna hasta su corona. Veamos más
de cerca.

Aunque los ángeles son reales y deben ser
celebrados, nunca deben ser venerados.

EL TESTIMONIO DEL HIJO

La primera sección, Hebreos 1:5–6, comienza con tres citas
del Antiguo Testamento. Las primeras dos se refieren a la
primera venida de Cristo y a su relación con Dios como su
Padre.

Su relación como Hijo

> Porque ¿a cuál de los ángeles dijo Dios jamás:
> Mi Hijo eres tú, yo te he engendrado hoy, y
> otra vez: Yo seré a él Padre, y él me será a mí
> hijo?
> —Hebreos 1:5

> Yo publicaré el decreto; Jehová me ha dicho:
> Mi hijo eres tú; yo te engendré hoy.
> —Salmos 2:7

Jesús ya era el Hijo eterno de Dios, pero Él vino a la tierra en forma de hombre. En Lucas 1:35, se le dijo a María que su Hijo sería llamado Hijo de Dios. De nuevo, en Mateo 3:17, sabemos más acerca de la calidad como hijo cuando el Padre declaró: "Este es mi Hijo amado". Juan el bautista dijo de Él: "Y yo le vi, y he dado testimonio de que este es el Hijo de Dios" (Juan 1:34). En Romanos 1:4, se nos dice que Jesús "fue declarado Hijo de Dios con poder, [...] por la resurrección de entre los muertos".

Su realeza como Hijo

En Salmos 89:3–4, se refuerza un poco más la realeza de Jesús por medio del pacto profético que Dios hizo con David acerca de que su linaje y su reino serían establecidos para siempre. Jesús es parte del linaje de David (Hijo de David), y ha sido establecido como Rey para siempre sobre la tierra.

> Hice pacto con mi escogido; juré a David mi
> siervo, diciendo: Para siempre confirmaré tu

descendencia, y edificaré tu trono por todas las
generaciones.

—SALMOS 89:3–4

La segunda cita en Hebreos 1:5: "Yo le seré a él Padre,
y él me será a mí hijo", está directamente correlacionada con
2 Samuel 7:14. Segunda de Samuel 7 es donde el pacto de
Dios con David está registrado y es entregado a él por Natán
el profeta. El pacto incluía las siguientes promesas a David:
la tierra de Israel le pertenece perpetuamente al pueblo de
Israel (2 Samuel 7:10), la casa de David sería establecida y
sus sucesor construiría el templo (versículo 13) y el trono de
David sería establecido para siempre (versículo 16).

Tan gloriosos como son los ángeles,
no son iguales al hijo de Dios.

Dios ha cumplido todas estas promesas, incluso la venida
de Jesús, el Hijo de David. Apocalipsis 5:5 describe correc-
tamente a Jesús como la "raíz de David". Él era tanto la raíz
como el hijo de David. Él es el justo rey de Israel y de toda
la creación.

Su regreso como Hijo

Y otra vez, cuando introduce al Primogénito en
el mundo, dice: Adórenle todos los ángeles de
Dios.

—HEBREOS 1:6

> Avergüéncense todos los que sirven a las
> imágenes de talla, los que se glorían en los
> ídolos. Póstrense a él todos los dioses.
>
> —Salmos 97:7

Aquí se hace referencia a la *segunda* venida de Cristo. En la tradición judía, el primogénito hereda todo. Cuando Jesús venga por los suyos y por toda la tierra, los ángeles del cielo se postrarán con asombro y adoración.

El nombre de Jesús es sobre todo nombre, incluso sobre el de los ángeles. Miguel es el glorioso nombre del ángel del Señor que cuida de Israel. Él también es el general de las huestes del Señor. Gabriel es el ángel que ha servido como mensajero del Señor, quien llevó las nuevas del nacimiento del Salvador al mundo. ¡Pero ningún nombre angelical puede igualar al maravilloso nombre de Jesús!

El trono del Hijo

Existen dos citas en la siguiente sección de Hebreos 1 que exaltan a nuestro Señor Jesucristo como superior a los ángeles.

> Ciertamente de los ángeles dice: El que hace
> a sus ángeles espíritus, y a sus ministros llama
> de fuego. Mas del hijo dice: Tu trono, oh
> Dios, por el siglo del siglo; cetro de equidad
> es el cetro de tu reino. Has amado la justicia,
> y aborrecido la maldad, por lo cual te ungió
> Dios, el Dios tuyo, con óleo de alegría más que
> a tus compañeros.
>
> —Hebreos 1:7–9

Los ángeles están ante el trono

Hebreos 1:7 indica que los ángeles son servidores que adoran ante el Señor. La palabra *seraphim* significa "los que arden". Creo que ellos están ardiendo para servir al Señor. Ellos no se sientan en el trono, sino que están ante él, listos para servir. Salmos 104:4 dice: "El que hace a los vientos sus mensajeros, y a las flamas de fuego sus ministros". Esto también es aclarado por la declaración del ángel en Lucas 1:19: "Yo soy Gabriel, que estoy delante de Dios".

El Hijo se sienta en el trono

> Tu trono, oh Dios, es eterno y para siempre; cetro de justicia es el cetro de tu reino. Has amado la justicia y aborrecido la maldad; por tanto, te ungió Dios, el Dios tuyo, con óleo de alegría más que a tus compañeros.
>
> —SALMOS 45:6–7

Hebreos 1:8–9 es un eco del Salmo 45, que es un salmo de bodas. Muestra al rey sentado en su trono y a la novia coronada con él. Estos versículos testifican la naturaleza eterna del Reino de nuestro Señor.

¡Ningún nombre angelical puede igualar al maravilloso nombre de Jesús!

Usted puede ver en estos versículos el reinado de gozo que sucede cuando Cristo se sienta coronado con su novia, la iglesia. La palabra *gozo* en el idioma original, implica "saltar con alegría". El Señor Jesús, que fue el hombre de dolores, ahora es visto con gran gozo por su novia.

LA ETERNIDAD DEL HIJO.

Y tú, oh Señor, en el principio fundaste la tierra, y los cielos son obra de tus manos. Ellos perecerán, mas tú permaneces; y todos ellos se envejecerán como una vestidura, y como un vestido los envolverás, y serán mudados; pero tú eres el mismo, y tus años no acabarán.
—Hebreos 1:10–12

Desde el principio tú fundaste la tierra, y los cielos son obra de tus manos. Ellos perecerán, mas tú permanecerás; y todos ellos como una vestidura se envejecerán; como un vestido los mudarás, y serán mudados; pero tú eres el mismo, y tus años no se acabarán.
—Salmos 102:25–27

Salmos 102 afirma la naturaleza eterna del Hijo de Dios. Al principio del capítulo, leímos el rechazo de Jesús y su sufrimiento, ¡pero los versículos citados aquí, declaran su vida eterna!

Se ha declarado que el Señor es el Creador que sobrevivirá a su creación. Como una prenda desgastada, toda la creación se está degenerando. El Señor Jesús siempre permanece igual. Él es eterno.

Continuamente en la Escritura descubrimos que nuestro Salvador eterno nos ha dado salvación, redención y herencia eternas. La creación puede cambiar; los ángeles pueden cambiar; pero Jesús es "el mismo ayer, y hoy, y por los siglos" (Hebreos 13:8).

El Señor Jesús es siempre nuestro contemporáneo. Él siempre es relevante. Esta sola verdad da sentido a nuestra vida. La perspectiva eterna nos aleja de la desesperación cuando llegan los momentos difíciles.

EL TRIUNFO DEL HIJO

Pues, ¿a cuál de los ángeles dijo Dios jamás: Siéntate a mi diestra, hasta que ponga a tus enemigos por estrado de tus pies? ¿No son todos espíritus ministradores, enviados para servicio a favor de los que serán herederos de la salvación?

—HEBREOS 1:13–14

Jehová dijo a mi Señor: Siéntate a mi diestra, hasta que ponga a tus enemigos por estrado de tus pies.

—SALMOS 110:1

Este pasaje habla de la victoria del Hijo de Dios. Salmos 110:1 se cita para declarar que la obra de Jesús está terminada, y ahora el enemigo será puesto bajo Sus pies.

El Señor Jesús está sentado a la diestra de Dios, un lugar de honor y autoridad. Esta es la segunda vez en este capítulo en que se menciona la diestra de Dios (consulte también Hebreos 1:3).

Nuestro Señor citó este salmo cuando estuvo ante los fariseos y los desafió en Mateo 22:41–46. Cuando fue juzgado

Jesús le dijo a Caifás: "Desde ahora veréis al hijo del hombre sentado a la diestra del poder de Dios" (Mateo 26:64). En Marcos 16:19 leemos: "Y el Señor, después que les habló, fue recibido arriba en el cielo, y se sentó a la diestra de Dios".

En el mensaje del Pentecostés, Simón Pedro también citó el mismo salmo, declarando que Jesús fue exaltado a la diestra del Padre:

> Así que, exaltado por la diestra de Dios, y habiendo recibido al Padre la promesa del Espíritu Santo, ha derramado esto que vosotros veis y oís. Porque David no subió a los cielos; pero él mismo dice: Dijo el Señor a mi Señor: Siéntate a mi diestra.
>
> —Hechos 2:33–34

Pablo habla de la diestra de Dios como el lugar donde Jesús "intercede por nosotros" (Romanos 8:34).

Tres veces más en Hebreos, se dice que Jesús está a la diestra de Dios (Hebreos 8:1; 10:12; 12:2). ¿Cuál es el significado de tal ubicación? ¡Es el lugar de la victoria! Con la obra de Cristo terminada en la tierra, ahora Él ha ido a la gloria en donde espera el triunfo final. Primera de Pedro 3:22 declara acerca de Jesús: "Quien habiendo subido al cielo está a la diestra de Dios; y a él están sujetos ángeles, autoridades y potestades".

Aquí, nuestro Señor triunfante reina en victoria. Él es Señor sobre los ángeles caídos. Estas fuerzas han sido vencidas y están bajo sus pies. Él es Señor sobre los santos ángeles, que son servidores de aquellos que Él ha liberado. Estos ángeles nos sirven, pero no pueden salvarnos. Su trabajo principal es alabar a Dios y servir a los santos de Dios. En Isaías 6:3, los ángeles se encuentran adorando, dando voces: "Santo, santo, santo, Jehová de los ejércitos". Ellos sirvieron a Isaías en un ministerio de disciplina trayendo un carbón del altar para tocar y limpiar sus labios inmundos.

DIGNO DE ALABANZA

El Único que tiene el derecho de ser adorado es el Señor Jesucristo. Él es el Rey sobre los ángeles. ¿Es Jesús el Rey de su corazón? ¿Cree usted en el testimonio de los ángeles? ¿Se arrodillará y se postrará ante su trono de gracia? ¿Se tomará del Eterno hoy? ¡Ay, qué aprendiéramos a adorarlo realmente y a venir a su presencia para darle todo el honor y el amor!

¡Todos proclamen el poder del nombre de
    Jesús!
Qué los ángeles postrados caigan;
Traigan la diadema real,
Y corónenlo Rey de todo.

Traigan la diadema real,
Y corónenlo Rey de todo.

¡Oh, que con la lejana santa muchedumbre
A sus pies podamos caer!
Nos uniremos a la eterna canción,
Y lo coronaremos Señor de todo.
Nos uniremos a la eterna canción,
Y lo coronaremos Señor de todo.[1]

Notas

INTRODUCCIÓN

1. C. H. Spurgeon, sermón "The First Christmas Carol" [El primer villancico navideño], Music Hall, Royal Gardens, Kennington, Londres, 20 de diciembre de 1857, http://www.spurgeon.org/sermons/0168.htm (consultado el 2 de abril de 2009).

CAPÍTULO UNO
LA PRESENCIA DE LOS ÁNGELES

1. "The Gulf War: A Line in the Sand" [La Guerra del Golfo: Una línea en la arena], Military.com, http://www.military.com/Resources/Histo rySubmittedFileView?file=history_gulfwar.htm (consultado el 1 de abril de 2009).

2. Malcom D. Grimes y Donald R. Ferguson, "Joint Publication 3-16, Joint Doctrine for Multinational Operations: 'If You Work With Friends, Bring It Along!'" [Si trabaja con amigos, tráigalos] *Air and Space Power Journal* 18, núm. 4 (Invierno 2004): 72–73, http://www.airpower.maxwell. af.mil/airchronicles/apj/apj04/win04/grimes.html (consultado el 1 de abril de 2009).

CAPÍTULO TRES
EL MISTERIO DE LOS ÁNGELES

1. C. S. Lewis, *Miracles* [Milagros] (Reino Unido: Fontana, 1947).

2. Francis Collins, *The Language of God* [El lenguaje de Dios] (Nueva York: Free Press, 2006), 124.

3. Íbidem, 205.

CAPÍTULO CUATRO
LA VARIEDAD DE LOS ÁNGELES

1. Francis Brown, S. Driver y C. Briggs, *Brown-Driver-Briggs Hebrew and English Lexicon* [Léxico hebreo e inglés] (n.e.: Hendrickson Publishers, 1996).

2. Billy Graham, *Angels: God Secret Agents* [Los ángeles: agentes secretos de Dios] (Garden City, Nueva York: Doubleday and Company, Inc., 1975, 1995), 30.

Capítulo cinco
La apariencia de los ángeles

1. BrainyQuote.com, "Neil Armstrong Quotes" [Citas de Neil Armstrong], http:www.brainyquote.com/quotes/quotes/n/neilarmstr363174.html (consultado el 19 de mayo de 2009).

Capítulo seis
El conflicto de los ángeles

1. G. H. Pember, *The Earth's Earliest Ages* [Las edades más tempranas de la Tierra] (n.e.: Kregel Academic & Professional, 1975).

2. William Shakespeare, *Macbeth*, 1.5.51–53. Referencia de acto, escena y líneas.

Capítulo siete
Adoración — los ángeles alrededor del trono

1. John Paul Jackson, *7 Days Behind the Veil* [7 días detrás del velo] (North Sutton, NH: Streams Publishing House, 2006), 28–29.

Capítulo ocho
Destino — los ángeles entre las naciones

1. Chuck Ripka, *God out of the Box* [Dios es impredecible] (Lake Mary, FL: Charisma House, 2007, 102–104.

2. Íbidem.

Capítulo Nueve
Protección — los ángeles en nuestra defensa

1. Bill Bright, "Guardian Angels Watching Over Us" *Angel Stories and Miracles* ["Los ángeles nos cuidan", *Historias y Milagros de Ángeles*], http://www.thoughts-about-god.com/angels/bb_guardian.htm (consultado el 18 de marzo de 2009).

2. Al, "Firemen and the Angels Story", *Amazing Angel Stories* ["La historia de los bomberos y los ángeles", *Sorprendentes historias de ángeles*], http://www.angelrealm.com/angels_house_fire/index.htm (consultado el 24 de febrero de 2009).

3. FOXNews.com, "Caught on Camera" [Captado en cámara], *FOX and Friends*, 25 de diciembre de 2008, http://www.foxnews.com/video-search/m/21712317/caught_on_camera.htm (consultado el 24 de febrero de 2009).

Capítulo once
Fortaleza — ángeles conectados

1. "Angel Comes to Encourage", *Angel Stories and Miracles* ["Un ángel viene a animar", *Historias y milagros de ángeles*], http:(//www.thoughts-about-god.com/angels/surgery.htm (consultado el 12 de marzo de 2009).

Capítulo doce
Los ángeles obedecen órdenes

1. Bart, "Switch Lanes Angel Story", *Amazing Angel Stories* ["La historia del ángel 'Cambia de carril'", *Sorprendentes historias de ángeles*], http://www.angelrealm.com/switch_lanes_story/index.htm (consultado el 13 de marzo de 2009).

Capítulo trece
Los ángeles responden a la Escritura

1. Eugene Merril, *New American Commentary: Deuteronomy* [Nuevo comentario estadounidense: Deuteronomio] (Nashville, TN: B&H Publishing Group, 1994), 434–435.

Capítulo catorce
Los ángeles traen respuestas a la oración

1. Adaptado de "Prayed for God's Angels Story", *Amazing Angel Stories* ["La historia del que oró por los ángeles de Dios", *Sorprendentes historias de ángeles*], http://www.angelrealm.com/orayed_for_angels/index.htm (consultado el 13 de marzo de 2009).

2. Gena, "Angel to the Rescue", *Angels Light: In the Light of Angels* [Ángel al rescate], http://www.angelslight.org/angelstory.php?id=gena (consultado el 13 de marzo de 2009).

Capítulo quince
Los ángeles se mueven en el terreno de lo milagroso

1. Terry Law, *The Truth About Angels* [La verdad acerca de los ángeles] (Lake Mary, FL: Charisma House, 1994, 2006), 41–42.

2. Tomado del boletín informativo *Agape*, Little Rock, AK, mayo/junio, 1988, 3. Este boletín es publicado por Agape Church, pastoreada por Happy Caldwell, como lo refiere Law, *The Truth About Angels* [La verdad acerca de los ángeles], 41.

3. Larry Libby, *Somewhere Angels* [Ángeles en algún lugar] (Sisters, OR: Questar Publishers, 1994), 32, como lo refiere Law, *The Truth About Angels* [La verdad acerca de los ángeles], 42.

4. Graham, *Angels: God's Secret Agents* [Los ángeles: agentes secretos de Dios],

5. Victory Church of Christ, "26 Guards" ["26 guardias"]. http://victorychurchofchrist.org/otherstuff.html (consultado el 10 de agosto de 2009).

Capítulo dieciséis
Los ángeles ejecutan la ira de Dios

1. Jim Bramlett, "Angels Discovered Singing End-time Song in Rural Chinese Worship Service in 1995!" [¡Descubren a ángeles cantando cántico de los últimos tiempos en un servicio de adoración rural chino en 1995!] Lambert Dolphin Library, http://ldolphin.org/angels296.html (consultado el 30 de marzo de 2009).

Capítulo diecisiete
Los ángeles escoltan a los creyentes a casa

1. Dorothy Milligan, "On Angels' Wings," [En alas de ángeles] Awe magazine (revista discontinuada). Aunque se hicieron intentos por comunicarse con el autor para solicitar permiso de usar su cita, fueron infructuosos. Si usted cuenta con algún dato para comunicarse con el autor, sea tan amable de enviárselo a los editores de este libro.

2. Charlie Carty, "My Guardian Angel Story," [La historia de mi ángel guardián] Amazing Angel Stories, http://www.angelrealm.com/guardian_angel_story/index.htm (consultado el 12 de marzo de 2009).

3. Jim Bramlett, "Encounter #3 (Confirmed)," [Encuentro #3 (Confirmado)] Lambert Dolphin Library, http://ldolphin.org/angels296.html (consultado el 31 de marzo de 2009).

4. "My Latest Sun Is Sinking Fast" [Mi último sol se está poniendo rápido] de Jefferson Hascall. Dominio público.

5. "Swing Low, Sweet Chariot," [Pasa bajo, dulce carro] cántico espiritual afroamericano. Dominio público.

Apéndice
Cristo es el que debe ser adorado y no los ángeles

1. "All Hail the Power of Jesus' Name" [Todos exalten el poder del nombre de Jesús] de Edward Perronet y John Rippon. Dominio público.